大樂文化

175張圖表學會

滾雪球

神奇公式

投資大師葛林布雷年賺 50% 的股市投資法，
散戶小白也能迅速上手！

張峻愷◎著

Contents

第 1 章

葛林布雷的神奇公式，
讓你輕鬆年賺 50% *013*

第 2 章

利用公式鎖定優質低價股，
散戶也能贏股神 *035*

Contents

Contents

你永遠賺不到，超出自己知識範圍的錢

格隆匯創辦人｜格隆博士

2014 年，我在深圳創立格隆匯投資平台，峻愷是第一批會員，當時他只是普通的專業人士。我們希望會員能在平台內成長，於是我鼓勵峻愷將技術和知識寫成文章，在格隆匯平台上發表。意想不到的是，他透過幾年的寫作，成為成熟的財經作家。

很高興看到峻愷出版《175 張圖表學會滾雪球神奇公式》，透過淺白的文字、詳細的資料分析，告訴讀者價值投資的重要性，並提出一種簡單又有效的投資方法。相信廣大投資者只要長期持續執行，就能驗證這種方法的成效。

多數時候，投資其實不會很複雜。如果說投資或價值投資有一個唯一原則，那就是買進一流的好公司，尤其是從全球視野來看，能代表人類文明趨勢的一流公司。至於要不要一直持有、需不需要擇時，則是可以討論。

投資者面對的是充滿隨機因素的混沌系統，因此要假設自己不夠聰明，無法駕馭這種複雜局面取得超額獲利，而且只會用最笨的方法獲得穩定的基本報酬。符合這種原則的投資標的，就是任何人都能一眼看出的一流公司。哪怕你確實很笨，在這上面犯錯的機會也微乎其微。

讀好書讓你的認知與財富匹配

波克夏・海瑟威公司的首席副董事長，查理・蒙格（Charles Munger）曾說：「我這輩子遇到來自各行各業的聰明人，沒有一個不是每天都閱讀，一個都沒有。」然而，很多人踏入社會後，便再也不讀書，知識範圍僅限於學校教科書，終究會被時代淘汰。

　　1864 年 7 月，志得意滿的湘軍主帥曾國荃攻破太平天國的首都天京，其兄曾國藩為他撰寫一副對聯：「千秋邈矣獨留我，百戰歸來再讀書」，告誡他在烽火連天的歲月，不要忘記保持一顆冷靜的心，讀書、思考、修身養性。曾國藩多年征戰兩湖江淮，將士堆屍如山，其中的苦難艱辛讓他從一介書生，磨練成 20 萬湘軍統帥，封侯登閣、左右東南大局，而他心中追求的卻是「歸來再讀書」的恬靜。

　　我在朋友圈寫過一段話：「你永遠賺不到超出你認知範圍外的錢，除非你靠運氣。」但是靠運氣賺到的錢，最後往往會靠實力虧掉，這是一種冥冥中的必然。你賺進的每一分錢，都是你對世界認知的變現；你虧損的每一分錢，都是因為對世界認知有缺陷。

　　世界上最公平的事，就是當一個人的財富大於自己的認知，社會將有 100 種方法拿走你的財富，直到你的認知與財富相匹配為止。

　　約 2500 年前，孔子就提醒人們：「德薄而位尊，智小而謀大，力小而任重，鮮不及矣。」人人都必須為自己的愚蠢買單，這並不過分。

　　所以，你要讀書，而且你得讀好書。真心把這本《175 張圖表學會滾雪球神奇公式》推薦給讀者。

前言

教你站在巨人肩膀上投資股市，
25 年獲利 268 倍！

　　2014 年年初，著名股票分析師兼投資作家張化橋來公司舉辦講座。當年的 A 股市場處於不上不下的狀態，大家抱怨投資多年卻收益不彰，於是請教張先生：「有沒有一種既簡單，而且牛市、熊市都適用的投資方法？」

　　張化橋想了想，提及價值投資大師喬爾‧葛林布雷（Joel Greenblatt）的著作《打敗大盤的獲利公式》（*The Little Book That Beats The Market*），書中介紹一種挑選股票的神奇公式，聲稱年化報酬率可達 20％以上，並表示使用這個公式需要持續 5～10 年才會有效。然而，一般人很難有這樣的信念和毅力。

　　張化橋的言下之意是，葛林布雷的神奇公式應該能用在 A 股，但是他沒做過資料回測，不確定效果如何。

短線散戶的下場都是賠錢？

　　到了 2014 年下半年，A 股迎來一輪牛市，熱門題材、內幕消息、併購重組成為投資者追逐的焦點。股市從原本冷清的美術館，一下子變成熱鬧的遊樂場，任何股票投資法都不如消息、題材來得刺激和有效，股神滿天飛，散戶變成網紅，券商的股票經紀人也成為大家吹捧的專家，而且各種平台都開始招募高手，發行自己的私募基金。「4000 點才是牛市起點」、「萬點不是夢」的言論不絕於耳。

　　但好景不長，2015 年 6 月開始的幾次股災像一盆冷水，徹底澆醒股市專家，此時大家才發現，原來 A 股仍是讓大部分散戶長期賺不到錢的市場。在 A 股，投資者不難在短期內賺錢，也不難買到會漲的股票，真正難的是

建立長期獲利模式，因此必須學習真正有效的投資方法。

經歷 2015 年的 3 次股災後，我重新想起張化橋提到的神奇公式，於是閱讀《打敗大盤的獲利公式》。這本書寫得相當好，葛林布雷用簡潔的語言、有趣的比喻，逐步為讀者介紹神奇公式，即使是毫無投資知識的人，也能理解公式的核心理念。

簡單又有效的長期投資法

由於《打敗大盤的獲利公式》僅將神奇公式應用於美國股市，而美股牛市持續的時間比 A 股長，因此我和周遭不少人看完這本書後，很好奇神奇公式能否應用在牛短熊長的 A 股上。在朋友的協助下，我們展開 A 股的資料回測，結果出乎意料，神奇公式在 A 股的應用效果非常好，25 年的累積報酬率為 268 倍，年化報酬率超過 25%。

在親自驗證神奇公式的成效後，我們除了將公式應用於個人投資，也開始上網蒐集它的相關研究、分析及數據，探討神奇公式在其他股市的應用狀況和調整方案，並定期將研究成果公布在社群平台上。

這裡要聲明，我不是專業投資者，個人投資績效在應用神奇公式之前並不出色。有眾多的普通股民與我一樣，沒時間天天盯盤，需要一種真正簡單且有效的投資方法。我之所以撰寫本書，是希望透過簡單的語言、詳細的資料、系統化的分析，向投資初學者說明價值投資的好處，而神奇公式正是展現價值投資的最簡單方法。希望本書有助於讀者了解神奇公式的原理和用法，以及各種研究資訊。

用系統化策略打敗大盤

本書即將付梓之際，2020 年年初的一場變故，徹底打亂世界原有的發展節奏，資本市場連續出現未曾見過的景象：美股在 3 月連續熔斷，原油期貨價格跌至負數，全球失業率處於歷史少見的高位。

縱使 2020 年的黑天鵝讓全球資本市場挨了一記悶棍，但是我在整理書稿時，發現一些 A 股固有特性，像是 A 股的每個底部點位，都是上一個底

部點位的 1.6 倍左右，因此即使遇到 2020 年的世界級黑天鵝，2,600 點左右的 A 股也很難出現系統性風險。

在我們用神奇公式選出的 2020 年持股名單（請見本書第 4 章）當中，大部分是水泥、農業、鋼鐵等行業的股票，有些竟然逆勢上漲，可見掌握一種系統化投資策略的重要性。

藉由本書的出版，我得以提升自己的投資知識架構，特別是以前對神奇公式的質疑和問題，都在詳細驗證資料後得到解答，讓我長期實踐神奇公式的決心更加堅定。

感謝家人支持我撰寫本書，尤其是父親在成書前協助校對，母親不遺餘力地幫忙宣傳。感謝清華大學出版社與我合作出版本書，以及顧強編輯的信任。感謝支持這本書的讀者，希望書中的投資理念能真正有所幫助，仍然要提醒：一定要持續使用本書的投資方法，才能取得最終的獲利。

最後，引用葛林布雷的一句話：「願這筆小小的時間投資，能在未來使你更加富有。」

投資大師喬爾‧葛林布雷（Joel Greenblatt），1980 年在賓州大學華頓商學院取得 MBA 學位，1985 年用 700 萬美元的啟動資金，成立對沖基金高譚資本（Gotham Capital）。之後的 10 年間，他的年化報酬率（Annualized Rate of Return）超過 50％，成為華爾街奇蹟。

葛林布雷摸索出一種獨特的投資方法，核心理念是尋找便宜的優質公司。2005 年，他把這個投資理念整理成《打敗大盤的獲利公式》（*The Little Book That Beats The Market*），內容簡單易懂、富含趣味，在全世界銷售超過 30 萬本。

本書將用第一章的篇幅，介紹葛林布雷神奇公式的核心理念。請各位讀者在開始閱讀之前，先思考以下問題，以便之後更快理解：

▶ 股票是什麼？

▶ 如何判斷一家公司的股票值得買進？

▶ 如果朋友邀你合夥開公司，如何判斷要不要答應？

第 1 章

葛林布雷的神奇公式，讓你輕鬆年賺50%

1-1

價值投資大師葛林布雷，
創造年賺50％的華爾街奇蹟

　　1957年，喬爾‧葛林布雷出生於美國紐約的中產家庭，與當時大多數小朋友一樣，他從小迷戀超級英雄故事，喜歡超人和蝙蝠俠漫畫。也許正因如此，葛林布雷善於把複雜的問題簡單化、通俗化，讓小孩子也聽得懂，還把自己的對沖基金命名為「高譚」（即蝙蝠俠居住的城市）。然而，與大多數小朋友不同，葛林布雷天資聰穎，後來以優異的成績考取賓州大學。

　　1980年，葛林布雷從賓州大學的華頓商學院取得MBA學位，在學期間，他完成一項關於股票的研究：如何找到低於公司清算價值的股票。其實，這本質上就是班傑明‧葛拉漢（Benjamin Graham）的「撿煙蒂理論」（詳見第1-5節）。

　　這個研究讓年輕的葛林布雷茅塞頓開，原來股票投資的本質是弄清楚一家公司值多少錢，再用便宜的價格買下來，留出足夠的安全邊際（注：股票內在價值與股票價格的差距）。

　　1980年的美國股市，與現在的中國A股非常類似。1960～70年代，美國股市有17年未曾上漲，如圖1-1所示。1979年，《商業周刊》曾刊登一篇名為「股市已死」（The Death of Equities）的著名文章。1980年，美國的物價和房價飛漲，股市卻如一灘死水。

　　像葛林布雷這樣的美國名校畢業生，就業目標通常是跨國企業、房地產公司、律師事務所，投身到證券業並非最佳選擇。因此，23歲的葛林布雷在完成學業後，聽從家人的建議繼續攻讀法律學位。

　　但是一年後，葛林布雷發現律師行業非他所好，於是決定輟學，到一家

圖1-1 ▶　1960～1980 年道瓊工業指數和美國 GDP 走勢圖

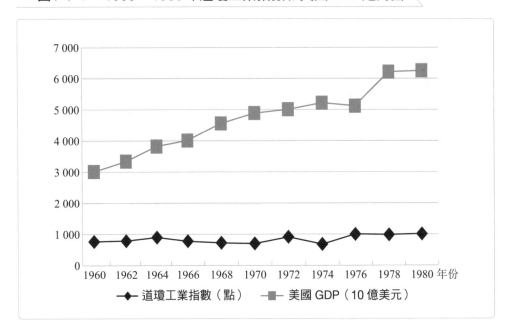

對沖基金上班。也許是命運獎勵聽從自己內心的年輕人，1980 年代後，美國股市終於鐵樹開花，迎來黃金年代。1980 年到 2019 年，標準普爾 500 指數（S&P 500，簡稱標普 500 指數）的漲幅高達 25 倍，年均漲幅高達 8.4％，而同期的 10 年國債報酬率只有 6.3％，持有房產的報酬率僅有 4.3％，如圖 1-2 所示（見 16 頁）。

　　歷史洪流造就有準備的人，葛林布雷加入對沖基金之後，很快就有機會應用自己的研究成果。經過 5 年左右的磨練，他將自己的理論和經驗整理成一套投資心法，並在 1985 年獲得垃圾債券大王麥克‧米爾肯（Michael Milken）的 700 萬美元啟動資金，成立自己的對沖基金——高譚資本。

　　初出茅廬的葛林布雷，從起步就展現天才的投資能力。在他的操盤下，高譚資本在 1985 年至 2005 年的 20 年間，資產規模從 700 萬美元增加到 8.3 億美元，年化報酬率高達 40％，堪稱華爾街的投資奇蹟。在 1985 年至 1994 年美國股市的黃金十年間，甚至達到年化報酬率 50％的驚人成績。即便經

圖1-2 ▶ 那斯達克指數和美國10年國債報酬率走勢圖

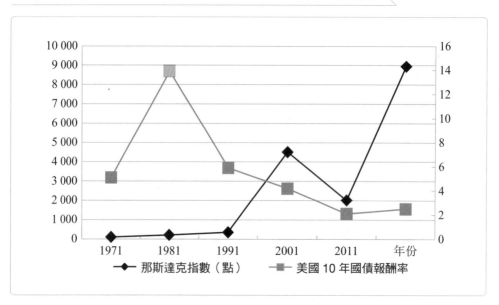

歷2008年的金融危機，高譚資本的資產規模依然維持在9億美元，年化報酬率仍高達30%。

2005年，葛林布雷出版一本大約150頁的書籍《打敗大盤的獲利公式》，將投資經驗濃縮成一個簡單易懂的「神奇公式」：在資本報酬率（Return On Capital，簡稱ROC）和盈餘殖利率（Earnings Yield，又稱收益率）的綜合排名中，選擇前20～30檔股票形成一個組合，然後分別買進，並持有一年就賣出。（註：根據需要，可以使用公司財報中較容易抓取的資產報酬率〔Return On Assets，簡稱ROA〕和本益比〔Price-to-Earnings Ratio，簡稱PE〕，詳見第5-1節。）

歸根究柢，葛林布雷的投資理念就是價值投資。本質上，買股票就是買公司，與購買其他東西一樣要追求物美價廉。葛林布雷提出的選股法，核心觀念是低價買進優秀公司的股票，並持有一段時間，而神奇公式的兩個指標——資本報酬率和盈餘殖利率，便是用來衡量「物美」和「價廉」。

在1988年至2004年的17年間，神奇公式投資組合的年化報酬率達到

30.8%，同期標普 500 指數的年化報酬率僅為 12.4%。葛林布雷宣稱，只要持續使用這種方法 10 年以上，在美國投資的年化報酬率將超過 20%。

　　2010 年，葛林布雷總結神奇公式過去 5 年的成績，對《打敗大盤的獲利公式》進行再版，書名改為《超越大盤的獲利公式》（*The Little Book That Still Beats The Market*）。在《超越大盤的獲利公式》中，葛林布雷增加 35 頁的後記，詳細描述對於神奇公式的觀察和解答。

　　2011 年，葛林布雷出版《你也可以成為股市天才》（*You Can Be a Stock Market Genius*），該書可視為神奇公式的 2.0 版本，講述如何運用不尋常的特殊事件和投資標的，也就是當上市公司發生分割、併購、破產、重組等特殊事件時，往往會出現取得巨額獲利的投資機會。

1-2

股票是報酬共享、風險共擔，操作不可只看K線圖

「什麼是股票？」大部分的人都無法提出明確答案。從炒股幾十年的老股民，到剛進入股市的八年級生，對很多人來說，股票是每天漲漲跌跌的東西，讓人一下子開盤買套房，一下子收盤住公園，對更多人來說，股票是看得滾瓜爛熟的K線。但是，要他們解釋自己買的股票究竟是什麼，真是一件很困難的事。

根據比較公認的說法，股票起源於17世紀的荷蘭阿姆斯特丹。荷蘭當時是世界聞名的海上馬車夫，海上運輸存在巨大的報酬與風險，一船貨物從歐洲運抵亞洲，可獲得500％利潤，但若途中遇到風浪等因素，導致貨物沉沒，船的主人就會血本無歸。

有鑑於此，荷蘭船商發明一種風險共擔機制，把一艘貨船的20個貨艙分別賣給20個貨商，這樣一來，船主在出發前就能收到一大筆貨艙使用費，不用獨自承擔貨物與資金風險。另一方面，貨商不用購買一整艘船就能做買賣，雙方成為利益共同體，共同承擔風險。

後來，貨商覺得自己承擔的風險太大，於是把一個貨艙拆分成100份票據，賣給阿姆斯特丹居民，讓他們分享這個貨艙的報酬與風險。由於本金不高、風險可承受，還有機會得到500％利潤，所以居民很願意出資，成為貨船的利益共同體。

這一風險共擔機制就是現代公司制度的前身，而這些風險共擔、報酬共享的票據，就是股票的前身。圖1-3是阿姆斯特丹證券交易所，被公認為世界上第一個證券交易市場。

圖1-3 ▶ 阿姆斯特丹證券交易所

　　本書的目的不是講述金融史，而是希望讀者能理解，如何判斷買進的股票物有所值。請看下面的例子。

　　我的博士班母校有個傳統，實驗室指導教授每年都會在教師節，邀請畢業的學長姐回校與學弟妹交流。一方面，想讓步入職場的社會人士，將就業經驗傳承給年輕學生；另一方面，想讓學長姐了解實驗室的新專案，以便在未來合作。

　　2015 年教師節，我回到實驗室的時候，研究所一年級的李學弟請我幫忙分析，他是否應該參與學生會的投資專案。專案內容大致是這樣：2013 年，華南理工大學（以下簡稱華工）學生會底下的一個協會，展開一項學生創業專案，由幾名學生核心幹部在華工的五山校區，透過群眾募資開設南瓜西餐廳。兩年多下來，餐廳的經營狀況不錯，於是學生們準備在華工的大學城校區開分店。

　　他們計畫以群眾募資的方式籌措分店資金，募資對象以學生會及其附屬團體的研一生、大二生為優先，每人出資 1 萬元（注：本書未註明的幣值皆為人民幣），就能取得南瓜西餐廳大學城分店的股份。學生畢業時，可以選擇繼續持有或退出，退出後的股份將由下一屆研一生和大二生接手。

「作為南瓜西餐廳的股東，會獲得什麼權益呢？」我問李學弟。

「出資 1 萬元的學生股東，主要有 3 方面權利和責任。

（1）股東每週至少要到店裡有償服務一天，工資 100 元／天，如果一個月到店服務少於 3 次，將無法獲得當月的分紅。

（2）股東帶客人到南瓜西餐廳消費，將獲得 7 折優惠。每年需要帶客進店消費 10 次以上（不強制、不懲罰），一年超過 30 次的股東將獲得 500元獎勵金。

（3）餐廳每年按營業利潤分紅給股東，金額按股份比例折算。」

「好，我認為我們需要簡化一下問題。」聽完李學弟對南瓜西餐廳專案的描述，我給出幾點建議：由於前兩項股東權益的價值無法衡量，我們暫時不討論。比方說，到店裡有償服務，對有閒暇時間的學生比較可行，對外務繁忙的學生來說反而是負擔，而且 7 折優惠也很難算出具體報酬。想決定要不要參與專案，你需要弄清楚的地方是股東分紅。你要釐清以下兩個問題，再來找我討論。

（1）南瓜西餐廳的全體股東有哪些人，每個股東的出資和占股比例是多少？

（2）由於五山校區和大學城校區的基本客群都差不多，我們可以把五山總店從 2013 年至今的營業額、毛利潤、固定支出等財務資料，當作大學城分店未來的預期股東權益。」

李學弟聽完我的建議後，很快就做完資料蒐集和調查，取得我需要的答案。

首先來看南瓜西餐廳的股東出資和組成。大學城分店的總投資額大約 100 萬元，4 名學生幹部共投資 50 萬元，占 50％股份，剩餘的 50 萬元投資額分成 50 股，透過群眾募資的方式向校內學生募股，每股 1 萬元，占股 1％。整個公司的股份組成如表 1-1 所示。

接著來看南瓜西餐廳五山總店的經營情況。2014 年，五山總店的營業額為 200 萬元，對學生創業者來說非常了不起，但是這 200 萬元營業額不是淨利潤，因為經營餐廳包含許多成本。

（1）經營餐廳需要購買食材。因為餐廳顧客以學生為主，菜單的定價不能太高，整體毛利率在 30％左右。

（2）餐廳裝潢、購置桌椅和餐具等，共花費 24 萬元左右，按 3 年折舊計算，每年的成本大約是 8 萬元。

（3）餐廳需要支付租金，一年大約是 14 萬元。

（4）餐廳的服務生大多是由餐廳股東和學生兼職，工資成本不高，但一年也需要 16 萬元左右。

（5）其他行政費用、一般性支出大約 2 萬元。

（6）稅率大約 20%。

根據李學弟提供的資訊，我們編製出 2014 年南瓜西餐廳五山總店的損益表，如表 1-2 所示。

根據該表，如果李學弟在 2014 年之前，以 1 萬元購入這家餐廳 1% 的

表1-1　▶　南瓜西餐廳大學城分店的股東和出資組成

	4 名學生幹部	李學弟	其他 49 個學生	共計
出資（萬元）	50	1	49	100
占股	50%	1%	49%	100%

表1-2　▶　南瓜西餐廳五山總店2014年損益表

總收入		200 萬元
食材成本	負	140 萬元
毛利潤 餐廳裝潢、購置桌椅和餐具等固定支出（3 年折舊） 租金 服務生工資 行政費用、一般性支出	 負 負 負 負	60 萬元 8 萬元 14 萬元 16 萬元 2 萬元
稅前收入 稅額（稅率20%）	 負	20 萬元 4 萬元
淨利潤		16 萬元

股份,那麼在 2014 年年底,他得到的分紅是 1,600 元現金。投資一萬元,賺到 1,600 元,投資報酬率為 1,600 元 ÷1 萬元 ×100% = 16%。

　　李學弟大約有 1 萬元閒錢,平時放在餘額寶(注:這是支付寶推出的資金管理服務,使用者把錢轉入餘額寶就等於購買貨幣基金,可以隨時將資金用於消費支出)裡,年化報酬率大約是 4%。如果南瓜西餐廳在大學城校區開分店,由於商業模式和客群相似,新分店的投資報酬率也會在 16% 左右,明顯比 4% 高很多。因此,我當時建議李學弟可以做這筆投資,即使萬一虧了,也能當作經驗。

　　當然,實際上的投資問題沒有那麼簡單,雖然新分店的未來報酬率很可能在 16% 左右,但如果多考慮一些因素,例如:在大學城校區遇到強勁的同類型餐廳,或是西餐廳突然不受學生歡迎,都會使這筆投資的未來收益變得不確定。

　　我們無法預知未來,無法確定新分店能否維持 2014 年的總店營收水準,也不知道李學弟的投資能否獲得 16% 的回報。但是反過來想,南瓜西餐廳可能在大學城校區大受歡迎,顧客人流比總店更多,於是股東在年底獲得的每股盈餘會更高,李學弟也會大賺一筆。

　　如果把南瓜西餐廳看作股市的上市公司,**交易股票時,決定是否買進的核心因素應是這家公司的每股盈餘,而非這檔股票的 K 線圖漲跌**。如果這家公司的每股盈餘大於國債、銀行利率,它的股票就有買進價值。至於這家公司未來的財務表現,就交由各種投資分析師、專家、MBA 去傷腦筋了。

　　透過南瓜西餐廳的例子,我們學到:

・購買企業的股票就等於購買企業的一部分,相當於獲得該企業未來收入的一部分權益。

・評估一家公司的價值時,要看它的未來預估收入。

・如果這家公司的未來收入,還不如銀行定存利率或國債報酬率,就沒有買進的價值,還不如把投資的錢存入銀行。

1-3

股市行情陰晴不定，
怎麼判斷一檔股票是否值得買進？

　　從第1-2節南瓜西餐廳的例子，我們了解到股票背後代表的含義，那麼，該如何判斷一家公司的股票有沒有價值呢？

　　繼續以南瓜西餐廳為例，假設：如果賣給學弟妹的每股價格不是1萬元，而是10萬元，李學弟還應該參與投資嗎？又或者，如果每一股的價格變成5千元，甚至1千元呢？

　　如果南瓜西餐廳的股票是一件日常商品，像是一瓶礦泉水、一件衣服，而商家說這件衣服的價格不確定，今年可能落在1千元～10萬元之間，你一定覺得不可思議。但在股市中，價格確實可能在一年之內上下浮動80%～90%，例如：東方通信（600776）從2018年10月19日的最低點3.70元，到2019年3月8日的最高點41.88元。

　　也就是說，假設東方通信是南瓜西餐廳的一家分店，半年之內，在客流、收入、利潤、成本沒有太大變化的情況下，因為購買股票的時間點不同，李學弟需付出的成本會在3.70～41.88元之間不等，價格相差10倍以上。

　　那麼問題來了，是什麼原因讓東方通信的股價上下波動？是這家公司的經營狀況在半年內突然改善，使利潤增加10倍？還是市場裡面所有的投資者突然變聰明，發現這家公司的真實價值？

認識「市場先生」

　　葛拉漢曾對股市做出一個經典評論：想像一下，你與一位叫作「市場先

生」的狂人共同擁有一家企業。市場先生的情緒不穩定，每天都會以特定的價格向你出售或購買股份，而你有 3 個選擇。

（1）可以按市場先生的價格向他出售你的股票。

（2）可以用同樣的價格向市場先生購買股票。

（3）可以既不買市場先生的股票，也不賣自己手上的股票。

假設出售南瓜西餐廳股票的學生幹部，就和市場先生一樣情緒不穩定，心情好的時候，出價會比餐廳的實際價值高很多，此時李學弟最合理的選擇是賣出股票。但是，當學生幹部的情緒低落，出價會變得很低，此時李學弟應該想辦法籌錢，瘋狂買進幹部手中的股票。當然，在大多數日子裡，股價不高也不低，李學弟應該選擇繼續持有。

實際上，南瓜西餐廳的學生幹部後來真的變成市場先生。前兩個餐廳專案成功後，學生幹部準備繼續擴張，走向連鎖化經營，還計畫未來要上市。於是，他們在 2015 年年底開始籌畫第三家南瓜西餐廳（中大分店）。這 4 個學生幹部認為前兩家餐廳能成功，他們功不可沒，而且未來新分店成功的機率很大，因此決定調整新分店的股權分配，改變出資比例和經營股份占比。具體股權結構如表 1-3 所示。

由於南瓜西餐廳大學城分店經營得比總店更好，李學弟拿到的分紅超過預估的 1,600 元，令他非常滿意，所以這次又來找我，討論是否應該參加新的分店專案。

雖然與上次一樣，每個人只需出資 1 萬元，但實際獲得的股份比上次少 2/3。對此，學生幹部解釋，因為他們接下來要全職投入南瓜西餐廳，準備 5 年內在廣東省擴張 20 家連鎖店，而且考慮未來要上市，立志成為麥當勞式的連鎖品牌。為了實現目標，他們覺得自己會付出更多，理應占有更多股份。

表1-3 ▶ 南瓜西餐廳中大分店的股東和出資組成

	4 名學生幹部	李學弟	其他 149 個學生	共計
出資（萬元）	50	1	149	200
占股	50%	0.33%	49.67%	100%

同時，由於餐廳的食材、租金等成本上升，他們需要向同學籌措更多資金。

　　聽說南瓜西餐廳可能會上市，李學弟來找我的時候有些激動，因為年輕人總覺得碰到一個「馬雲十八羅漢」（注：參與創辦阿里巴巴的18名合夥人）團隊，是很難得的事情。但是，我身為理性投資者，勸李學弟按照之前的方法分析報酬率。有了上次的經驗，李學弟很快就大致算出中大分店的經營預測。

　　（1）新的南瓜西餐廳開在市中心的中大校區，因此預計收入比其他兩家都更高，年收入大約在 300 萬元左右。

　　（2）和其他兩家餐廳一樣，客群以學生為主，消費能力不強，因此扣除食材後，毛利率在 30％ 左右。

　　（3）由於物價上漲等因素，餐廳的裝潢、桌椅、餐具等固定支出大約是 48 萬元，按 3 年折舊計算，每年的成本大約是 16 萬元。

　　（4）餐廳位於市中心，租金價格比較高，而且 2015 年的房價大漲，店租也跟著水漲船高，大約是一年 35 萬元。

　　（5）服務生同樣大多是由餐廳股東、學生兼職，但由於物價上漲，一年工資成本約 24 萬元。

　　（6）其他行政費用、一般性開支 2 萬元。

　　（7）稅率大約 20％。

　　李學弟根據自己對餐廳經營模式、中大校區附近各種成本與客流情況的了解，製作出 2016 年中大分店開張後的預測損益表，如表 1-4（見 26 頁）所示。

　　根據該表，李學弟如果投入 1 萬元，獲得這家餐廳 0.33％ 的股份，在 2016 年年底得到的分紅應該是 346.7 元，投資報酬率為 346.7 元 ÷1 萬元 ×100％ =3.467％。

　　乍看之下，這個報酬率起碼比消費者物價指數（CPI）高出一些，但是除非李學弟準備把自己的錢藏在床墊下或放在存錢筒，否則他有很多其他投資選項，例如：同期餘額寶的年化報酬率為 4％ 左右。先不考慮南瓜西餐廳是否會上市、股票是否會增值等問題，單單從預測的報酬率來看，投資中大分店還不如把錢放在餘額寶。

　　假設李學弟的估算得當，南瓜西餐廳大學城分店和中大分店的淨利潤差

表1-4 ▶ 南瓜西餐廳中大分店2016年損益表（預測）

總收入		300 萬元
食材成本	負	210 萬元
毛利潤		90 萬元
餐廳裝潢、購置桌椅和餐具等固定支出（3 年折舊）	負	16 萬元
租金	負	35 萬元
服務生工資	負	24 萬元
行政費用、一般性支出	負	2 萬元
稅前收入		13 萬元
稅額（稅率20%）	負	2.6 萬元
淨利潤		10.4 萬元

別不大，報酬率減少的主因是兩家店的股價差距。雖然每股價格都是1萬元，但中大分店的股本是大學城分店的3倍，因此中大分店的每股盈餘就比大學城分店更低。

究其原因，是學生幹部這個市場先生陰晴不定，當他們覺得自己很重要，就把股價定得很高，讓買的人付出更高代價；當他們覺得需要自證能力，就把股價定得很低，讓買的人和自己承擔相同報酬與風險。

價值大於價格才是好買賣

葛拉漢認為，當一家公司的股票以極大折價進行交易時，在你估計的每股價值，與你購買股份的實際價格之間，存在一個投資的安全空間。簡而言之，南瓜西餐廳的例子告訴我們，假設同樣獲得1%股份，當你的成本少於1萬元，你有安全空間，最後賺錢的機率比較大；當成本超過3萬元，報酬率很可能打不贏餘額寶；當成本超過10萬元，這筆投資可能和把錢放在枕頭底下差不多。

如果你了解上述關於價格、價值、安全空間的問題，在南瓜西餐廳中大分店的例子中，還有一件事需要釐清：怎麼知道李學弟對中大分店的營收估

算，是正確的呢？

　　假設李學弟的估算不準確，中大分店的實際收入並沒有 300 萬元那麼多，而是因為經營不善只有 200 萬元，那麼新分店就很可能虧損，所有股東在年底不僅得不到分紅，而且還會賠本。

　　如果預測一家餐廳的營收那麼困難，可以想見預測上市公司未來的收入更是複雜。許多證券分析師每年拿著幾百萬元年薪，就是在做預測企業收入、利潤等工作。我們憑什麼覺得自己會比這些人聰明，能透過預測上市公司的收入，來買賣股票獲利呢？我們繼續往下看。

1-4

根據2種指標買進「雙高」企業股票，是高獲利的訣竅

　　如第 1-3 節所述，我們無法完全確定一家公司的未來經營狀況，還是把預測工作留給證券分析師吧。我們真正需要關心的，是一家公司的過去經營狀況。本節將告訴大家，如何選擇優質低價的公司，以及為什麼要這樣做。

　　繼續以南瓜西餐廳為例，總共有 3 家店：五山總店、大學城分店、中大分店。假設我們認真分析這 3 家店在 2016 年的經營情況，根據它們的損益表得出投資報酬率，如表 1-5 所示。

　　單純從 3 家店在 2016 年的經營狀況來看，哪家店表現得最好呢？答案顯而易見，大學城分店的報酬率為 18％，最具投資價值。但是，即使這家分店經營得最好，假設南瓜西餐廳的股東用 10 萬元賣給你 1％股份，你還會認為這是一筆好投資，而且迫切願意參與專案嗎？當然不會。

　　因此，我們除了看一家公司的投資報酬率，還要看股東用什麼價格賣股份給你，這個評價方式就是盈餘殖利率，即每股盈餘／每股價格，如表 1-6

表1-5 ▶ 2016年3家南瓜西餐廳的投資報酬率

南瓜西餐廳集團	五山總店	大學城分店	中大分店
總投資（萬元）	100	100	200
淨利潤（萬元）	16	20	10.4
投資報酬率（％）	16	18	10.4

表1-6 ▶ 2016年3家南瓜西餐廳的盈餘殖利率

南瓜西餐廳集團	五山總店	大學城分店	中大分店
總股份	80 股	100 股	300 股
每股盈餘（萬元）	0.2	0.18	0.034
盈餘殖利率	20%	18%	3.4%

所示。

　　這裡補充一個前文沒提及的資訊，南瓜西餐廳五山總店創立時，有拿到學校提供的創業補貼，金額約 20 萬元，因此股東只需投入剩餘的 80 萬元，就能占股 100%。根據表 1-6，五山總店的總股份數為 80 股，每股盈餘為 16 萬元 ÷ 80 股＝ 0.2 萬元，股東投入 1 萬元的回報為 2,000 元，盈餘殖利率為 20%。

　　如果李學弟都投入 1 萬元，盈餘殖利率最高的店會是五山總店，而中大分店發行的股份是其他店鋪的 3 倍，因此每股盈餘最低，盈餘殖利率只有 3.4%。也就是說，南瓜西餐廳的幹部在賣出中大分店股份時，售價是其他店鋪的 3 倍。

　　綜合以上所述，我們得出以下結論：

　　• 買進高盈餘殖利率的公司比低盈餘殖利率的公司好，因為這代表以低價買進一家企業的股份。
　　• 買進高投資報酬率的公司比低投資報酬率的公司好，因為這代表投資一家體質優良的企業。

　　總而言之，以低價買進好企業的股票，是賺大錢的訣竅。

1-5
掌握公式選股精髓，
持有滿一年賣出就能累積財富

　　葛拉漢提出的撿煙蒂理論，投資方法主要是購買股價極低的公司股票。如果一家公司的股價低於其每股清算價格，葛拉漢就鼓勵投資人大筆買進。他聲稱，如果有人能按照這個理論，以低價買進 20～30 家公司的股票，就能獲得相當好的報酬。

　　葛拉漢的撿煙蒂理論包括兩個買股條件。

　　（1）要買在市場先生因為某種理由，例如遇到火災等突發事件，而將股價壓到低於該公司的流動資產、現金流等情況時。

　　（2）為了應對某些無法預料的突發風險，例如公司破產等，要同時買進 20～30 檔低價股票來分散風險。

　　葛拉漢曾經歷 1929 年的大蕭條，當時股市低迷，大多數投資者不願意對股市做出高估值，因此他利用撿煙蒂理論，找到許多很便宜的公司股票，而且在大蕭條後的幾十年之內效果很好。但是，到了布列敦森林制度（注：第二次世界大戰後，以美元為中心的國際貨幣體系，為各國貨幣之間的匯率提供穩定的框架）結束、貨幣氾濫的今天，無論美股或中國 A 股都進入高估值時代，已經很少公司能符合葛拉漢的要求。所以，我們需要一種新的投資方法。

　　正如第 1-4 節提到，好公司的標準不只是單純的低價，而是優質低價，因此我們要選擇高盈餘殖利率（獲利比買進價格高）、高投資報酬率（營收比投入成本高）的公司。如果能持續買進 20～30 檔這類股票來分散風險，長期來看，獲利的機率將非常大。

　　事實上，這就是喬爾・葛林布雷神奇公式的全部內涵。他聲稱，從 1988 年到 2004 年的 17 年中，如果在美國股市持續採用這種方法，買進優質低價的公司股票，建立投資組合，年化報酬率將達到 30.8%。也就是說，如果有人在 1988 年用神奇公式投資 1 萬美元，到了 2004 年，將得到 105.6 萬美元的報酬。

　　表 1-7 是《打敗大盤的獲利公式》中的神奇公式的長期報酬率。這麼神奇的公式適用於牛短熊長的 A 股嗎？本書將在後面的章節繼續討論。

表1-7 ▶ 　神奇公式與S&P 500指數，從1988年到2003年的收益對比

年份	S&P500 指數	神奇公式
1988	16.60%	27.10%
1989	31.70%	44.60%
1990	-3.10%	1.70%
1991	30.50%	70.60%
1992	7.60%	32.40%
1993	10.10%	17.20%
1994	1.30%	22.00%
1995	37.60%	34.00%
1996	23.00%	173.00%
1997	33.40%	40.40%
1998	28.60%	25.50%
1999	21.00%	53.00%
2000	-9.10%	7.90%
2001	-11.90%	69.60%
2002	-22.10%	-4.00%
2003	28.70%	79.90%
2004	10.90%	19.30%
年化報酬率	12.40%	30.80%

本章小結

　　本章回顧投資大師喬爾・葛林布雷的投資傳奇，並簡單介紹神奇公式的幾個觀念。

▶ 股票實際上是風險共擔、報酬共享的憑證，因此理性投資者應儘量選擇風險小、報酬高的標的進行投資。

▶ 用南瓜西餐廳連鎖店的例子，說明如何計算投資標的的投資報酬率和盈餘殖利率。唯有合適的股價和較高的報酬，才值得投入資金。

▶ 神奇公式的投資內涵，就是買進 20～30 檔優質低價股，並長期持續執行這種投資方法。

　　從神奇公式投資美股的情況來看，年化報酬率可達 30％左右，效果令人驚豔。

NOTE /　/　/

上一章說明為什麼要長期投資「高投資報酬率、高盈餘殖利率」的股票，並展示神奇公式在美股的長期投資效果。本章將嘗試回答讀者關心的問題：神奇公式是否能應用在中國 A 股？

在討論神奇公式的魅力之前，先思考 4 個問題：

▶ 20 年來，投資美股的報酬率是否比投資 A 股還要高很多？

▶ 多年來，A 股股民當中，真正賺錢的比例有多少？

▶ 投資主動型基金，是否比投資被動型基金更好？

▶ 追逐 A 股熱門話題的投資方法，能否比長期穩定持有獲得更高的報酬率？

第 2 章

利用公式鎖定
優質低價股，
散戶也能贏股神

2-1

美股的神奇公式，
在Ａ股市場會不會水土不服？

在很多人的印象中，美股近年來在高科技公司的帶領下，長期處於牛市階段，而Ａ股多年來因為財務造假、炒作題材等現象屢見不鮮，上證指數經常被股民吐槽十年如一日。

假設你在1995年投資1萬元到Ａ股，買進上證指數基金，同時投資1萬元到美國股市，買進道瓊指數基金，最後美股報酬率是否會遠遠超過Ａ股呢？事實上，這兩筆投資的報酬率不會差很多，而且在Ａ股長期投資指數基金的報酬率，還略高於美股。上證指數和道瓊工業指數（簡稱道瓊指數）近25年的漲幅情況，如圖2-1和圖2-2所示。

在多數人的印象中，美股是長牛市場，Ａ股是牛短熊長的市場。但實際上，若把時間拉長到20年、30年，會發現兩個市場的長期報酬率其實差不多，都在7%～9%。

Ａ股給人感覺跌多漲少，原因是6,124點和5,178點這兩輪大牛市，讓大多數投資者套牢在高位。相較之下，美股經過幾次金融危機，從2009年開始走出一輪大牛市，從6,000點上升到最高28,000點左右，大約翻了4倍，那斯達克指數更是從2009年3月1,265點，上漲到2019年最高8,952點，整整翻了6倍。

也許大多數中國投資者在海外投資時，偏好高科技企業，因此近年來科技股主導的那斯達克旋風，留給我們美股10年超級牛市的印象。圖2-3（見38頁）為那斯達克指數近25年的漲幅情況。

印象歸印象，歷史資料不會騙人，從20年、30年的長期投資效果來看，

圖2-1 ▶ 近25年，A股上證指數漲幅5.5倍

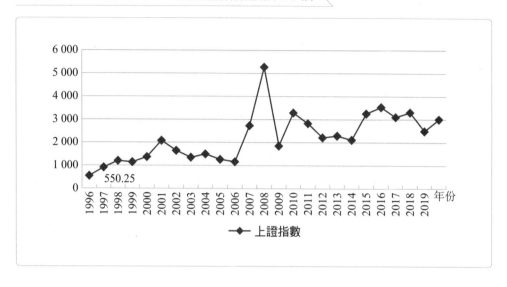

圖2-2 ▶ 近25年，美股道瓊指數漲幅4.5倍

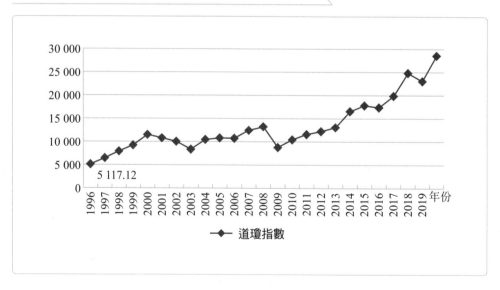

圖2-3 ▶ 近25年，美股那斯達克指數漲幅8.5倍

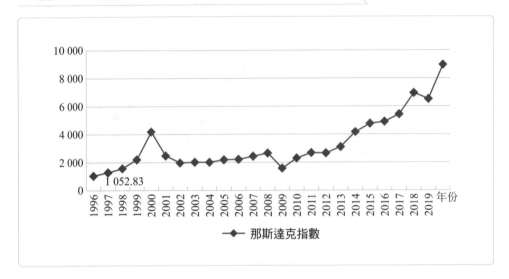

兩個股市的長期投資報酬率相近，因此理論上，神奇公式應該不會在 A 股水土不服。

2-2

真正賺錢的散戶低於5%，
因為大多陷入3個盲點

　　既然中美股市的長期投資報酬率接近，那麼投資者是不是只要長期投資A股，就能獲利呢？我們從各種研究報告，來看比例上有多少散戶的投資能夠獲利。

　　2013年諾貝爾經濟學獎得主、耶魯大學教授羅伯·席勒（Robert Shiller）出版《非理性繁榮》（*Irrational Exuberance*），他提到即使在美國的長牛市場，90%的散戶投資者從來沒有賺到錢。他解釋，這是因為投資股票的績效無法跑贏指數、通貨膨脹等。

　　比如說，某個散戶5年前投資股票1萬元，5年內經歷股災，最後終於回本，看起來並沒有虧錢，但如果把通貨膨脹、銀行利息等計算進去，他在這5年內其實虧掉機會成本。根據其他經濟學者、金融學者的研究，在全世界的股市中，跑贏大盤的投資者只有5%左右，甚至在很多市場中連5%都不到。

　　美國股市是充滿造富神話的天堂，已經出現華倫·巴菲特（Warren Buffett）、喬治·索羅斯（George Soros）等名利雙收的股神級人物，但這樣的人在美國也是九牛一毛。歷史上很多偉人都有投資股票慘敗，甚至破產的經歷，還有經濟學史上的著名人物，試圖根據經濟學理論投資股票，但是大部分仍以失敗告終。

　　舉例來說，約翰·凱因斯（John Maynard Keynes）在1930年代大蕭條期間損失慘重，差點賠掉自己的身家和國王學院的資金。耶魯大學經濟學家爾文·費雪（Irving Fisher），在大蕭條期間傾家蕩產，還欠下一屁股債，最

終只能依靠耶魯大學的接濟，才勉強度過晚年。而且，一些著名基金投資人，例如：參與創辦美國長期資本管理公司的羅伯特‧默頓（Robert Merton）和麥倫‧休斯（Myron Schols），曾憑著自創的選擇權預測公式大賺一筆，卻在 1998 年的金融風暴中慘遭破產。

中國有些經濟學著名人物，也與上述歐美學者的戰績類似，在股市行情好的時候賺了不少錢，但在行情不好的時候，就把賺的錢都賠回去，甚至虧了不少錢。

舉例來說，香港知名的投資評論家曹仁超，在 1972 年的 1,200 點成功看空，躲過香港股災，但是在 1974 年 7 月港股跌至 290 點後，誤判底部已到，於是拿出所有積蓄買進和記洋行，沒想到該股從 1973 年的 43 元一直跌到 5.8 元，而且在曹仁超買進後 5 個月，再度跌到 1.1 元。最後，他只能停損，虧損 80％ 以上離場。

因此，在股市面前，即使股神級人物，也無法避免虧損的風險，而且過去的輝煌戰績，不能保障未來能戰無不勝。金融學者向松祚在著作《金融危機下的大反思》中，曾引用其他經濟學者和金融學者對 A 股散戶的研究，指出散戶之所以虧錢，27％ 是因為選股錯誤；32％ 是因為頻繁交易，而支付大量手續費給交易機構和券商；34％ 是因為頻繁交易，而繳納大量稅費給政府；7％ 是因為無法選擇正確的投資時機。

總體上，A 股中 90％ 的散戶沒有賺到錢，在熊市末期，例如 2018 年，這個比例高達 95％。圖 2-4 是散戶交易虧損的原因分析。

既然前文提到，在成熟的股市，長期投資報酬率相差不多，為什麼散戶虧損的比例還會那麼高呢？根據行為經濟學家的研究，虧損的散戶有以下共同行為特徵。

（1）缺乏投資經驗和專業分析能力。投資股票通常需要分析總體政策、國際形勢、產業發展、公司的財務和業務發展。一般投資者很難完全掌握以上能力，於是無法做出正確的交易判斷。

（2）相信神話，盲目追求高報酬而忽視風險。報章雜誌時常報導成功的投資故事和達人，久而久之，一般投資者慢慢相信這些投資神話，相信自己也能成為投資奇才。但實際上，投資達人僅占少數，失敗者都消失在茫茫人海中。而且，投資者往往喜歡吹噓自己的成功經驗，隱藏失敗案例，造成

圖2-4 ▶　散戶交易虧損原因分析

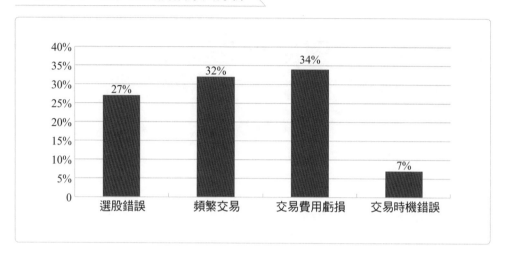

相信神話的人盲目追求高報酬，卻忽視風險。

（3）過分相信內幕消息，頻繁操作、缺乏定力。這一點在中國股市非常明顯，中國的投資主體是散戶，大多喜歡追題材、追熱門話題，相信各種內幕消息，以至於頻繁操作。中國股市的周轉率是美國的十幾倍，可能投資者還沒賺到股票獲利，券商、投資機構及政府就先從手續費和稅費賺飽飽，散戶終究是在為他們打工。

那麼問題來了，該怎麼操作才能規避以上的散戶行為？透過專業的基金進行投資，情況是否會好一些？

2-3

投資基金想要長期獲利，
被動型與主動型哪一種好？

　　雖然散戶虧損的比例很高，但根據第 2-1 節的分析，長期投資的報酬率可以得到保障。也就是說，當你投資追蹤大盤指數的被動型指數基金，例如：滬深 300 指數基金、滬深 300 ETF，長期報酬率應該會有 7%～9%。

　　這時有人會問，假如我遵從長期投資的理念，但希望獲得更高的收益，能不能改買主動型管理基金呢？表 2-1 是 A 股主動型基金與被動型基金的長期報酬率對比。

　　一般認為，主動型基金是由專業的基金經理人精選上市公司，能對總體經濟形勢做出居高臨下的判斷，選擇最佳進出場時機，從而獲得比被動型基金更高的投資報酬。問題是，主動型基金的收益真的會比被動型基金更高嗎？

　　從 2015 年來看，當年經歷一半牛市和一半股災，總體上，滬深 300 指數上漲 8.7%，約有半數以上的主動型基金跑贏滬深 300 指數。

　　2016 年是熊市年份，滬深 300 指數下跌 11.28%，約一半左右的主動型基金跑贏滬深 300 指數。

　　再看 2017 年，滬深 300 指數上漲 21.78%，而公募基金（又稱共同基金）的平均報酬率大約為 12%，只有 20% 左右的公募基金跑贏滬深 300 指數。

　　因此，從 2015 到 2017 年這 3 年來看，主動型基金總體上優於被動型基金。如果把時間拉長，從 10 年、20 年來看，主動型基金的報酬率，普遍高於滬深 300 指數和全部被動型基金的平均報酬率，如表 2-1 所示。

　　一般來說，在中國投資主動型基金的報酬率，會高於被動型基金。但是

表2-1 ▶　A股主動型基金與被動型基金的長期報酬率對比

年份	主動型基金年均報酬率	被動型基金年均報酬率
2007	127.93%	141.46%
2008	-52.53%	-63.25%
2009	75.52%	90.62%
2010	2.67%	-12.60%
2011	-22.76%	-23.55%
2012	5.63%	6.03%
2013	16.68%	-0.70%
2014	22.44%	42.00%
2015	46.80%	18.14%
2016	-12.48%	-11.57%
2017	15.79%	12.07%
2018	-15.56%	-16.58%
年化報酬率	11.38%	6.79%

　　在美國，主動型基金沒有那麼容易跑贏被動型基金。根據標準普爾公司的統計，在過去 5 年，90％以上的股票型基金都落後於相應的指數，也就是說，這些基金經理人收取 1.5％的基金管理費，報酬率卻不如投資者直接買指數型基金。

　　還有一項研究顯示，1984～2006 年間，美國主動型基金的年均報酬率，比標普 500 指數型基金還低 0.81％，最近十幾年，每年大概只有 30％的主動型基金跑贏指數。

　　為什麼中國的主動型基金看起來比美國的更好？主要原因是美國股市的效率性（注：若股市中，股價能完全反映價值，就稱為效率市場）讓大多數基金經理人很難跑贏指數。在中國，投資者 80％都是散戶，股市並非那麼

有效率，且時常偏離基本面，同時 A 股具有牛短熊長和市場訊息不透明等特性，因此基金經理人可能有很大的主動管理空間。

　　雖然主動型基金總體上表現優於被動型基金，但挑選基金又是一個難題。根據數據庫萬得資訊統計，2011 年，在 297 檔公募股票型基金裡表現最好的前 20 名當中，僅有 2 檔在下一年表現尚可，有 5 檔甚至落到 200 名以下。到了 2013 年，這 20 檔基金有 13 檔跌落 200 名以下。

　　這種情況不僅出現在 2011 年，在 2011～2017 年萬得資訊的統計中，都可以找到類似規律：前一年表現好的基金，在之後兩年大多表現得較差。表 2-2 是 2011～2015 年前 20 名基金的績效持續度統計。

　　排名靠前的主動型基金很難維持績效，原因是 A 股每年的投資風格都會改變，比如說，2014 年科技股的漲勢較好，2015 年換成另一種類股，2016 年又變成消費白馬股，這導致基金經理人若要得到好績效，就要不停變換自己的投資風格，今年賭對行業類股，排名就靠前，若賭錯則排名靠後。因此在 A 股，公募基金與一般散戶無異，無法長期持續執行一種投資風格，本質上都是追漲殺跌，很難長期戰勝市場。

　　另外，從統計上來看，A 股主動型基金的基金經理人越來越頻繁變動，從 2005 年到 2017 年，基金經理人的更換比例基本上逐漸遞增，如圖 2-5 所示。這也是造成 A 股主動型基金業績不穩定，以及一般投資者難以挑選主

表2-2 ▶ 2011～2015 年前 20 名基金的績效持續度統計

年份	基金總數	排名前 20 的基金在下一年還能排名前 20 的數量	排名前 20 的基金在下一年排名倒數 20% 的數量	排名前 20 的基金在第 3 年排名倒數 20% 的數量
2011	297	2	5	13
2012	349	2	8	4
2013	393	1	15	11
2014	421	1	12	10
2015	442	0	9	11

圖2-5 ▶ 2005～2017年A股主動管理基金中，更換基金經理人的比例，呈現逐年上升趨勢

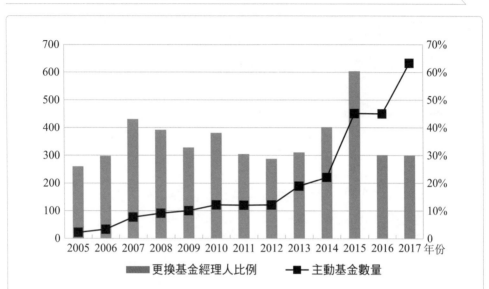

動型基金的原因。

　　總體而言，雖然在 A 股買主動型基金看似比買被動型基金好，但要挑到一個能贏長期指數的標的仍然很困難。

2-4

分析5種申萬風格指數，找出長期有效的選股策略

　　該如何判斷一個基金的選股組合是好或壞呢？在 A 股，比較吃香的投資風格，是追蹤熱門話題或題材，還是實踐價值型呢？

　　申銀萬國證券股份有限公司（以下簡稱申萬）從 1999 年開始，陸續推出針對 A 股的各種「風格指數」（注：反映市場上某種特定風格或投資特徵的指數），目的是把不同的選股策略放在一起，並追蹤它們的表現。

　　舉例來說，不少人認為追新股的策略有效，申萬制定的新股指數就是在一定時間內買進 10 檔新股，在更多新股發行的情況下，按照每檔 10% 的權重陸續換入 10 檔新股，並統計這 10 檔新股的每日最終收盤價。這樣年復一年，以 1,000 點為基準點，就能形成一個追蹤新股的指數。

　　圖 2-6 為申萬風格指數一覽，以下介紹幾個比較重要的指數及其表現，來說明哪些選股策略在 A 股有效，哪些無效，甚至是投資陷阱。

申萬活躍股指數

　　這是一個非常有意思的組合，雖然申萬已經停止更新資料，並加以刪除，但它很適合說明 A 股投資者的雷區，因此我們把資料挖出來。

　　A 股充滿投機色彩，很多人認為可以透過追漲殺跌、快進快出的方式獲利，各種「K 線股神」、「漲停敢死隊」的神話，在 A 股散戶之間不停流傳。申萬活躍股指數讓相信 A 股神話的人有一個見證奇蹟的機會。

　　該指數從 1999 年開始，每週選取周轉率前 100 的上市公司，給每家公

圖2-6 ▶　申萬風格指數一覽

指數代碼	指數名稱	昨收盤	今开盤	成交額（百万元）	最高价	最低价	最新价	成交量（百万股）
801811	大盘指数	2 661.83	2 637.78	61 711.04	2 652.30	2 623.04	2 631.17	4 865.35
801812	中盘指数	2 849.26	2 829.16	42 531.81	2 841.83	2 812.00	2 819.02	4 621.54
801813	小盘指数	3 239.06	3 217.44	51 348.16	3 226.37	3 193.54	3 201.82	7 218.63
801821	高市盈率指数	658.73	654.11	18 683.61	656.29	648.76	650.62	1 573.36
801822	中市盈率指数	2 070.69	2 053.74	19 955.42	2 070.22	2 047.60	2 052.08	2 244.93
801823	低市盈率指数	6 197.82	6 154.66	34 667.11	6 172.55	6 107.83	6 126.90	3 946.00
801831	高市净率指数	1 002.88	990.61	32 292.73	999.98	987.40	991.12	1 381.01
801832	中市净率指数	2 720.49	2 701.50	17 342.81	2 710.17	2 678.63	2 686.88	2 516.57
801833	低市净率指数	5 556.06	5 519.59	19 824.91	5 541.30	5 494.72	5 510.39	3 898.50
801841	高价股指数	2 274.72	2 249.70	46 959.78	2 262.99	2 234.70	2 243.81	1 277.44
801842	中价股指数	2 504.60	2 489.73	17 417.71	2 500.95	2 478.08	2 487.62	2 179.38
801843	低价股指数	7 410.69	7 359.95	13 082.22	7 372.69	7 299.57	7 317.25	4 651.53
801851	亏损股指数	2 129.29	2 102.52	21 273.27	2 111.34	2 088.97	2 097.14	3 546.49
801852	微利股指数	1 826.78	1 803.68	6 835.71	1 807.31	1 787.58	1 794.05	1 040.73
801853	绩优股指数	4 928.76	4 870.74	20 222.29	4 902.85	4 822.02	4 843.79	952.13
801863	新股指数	3 239.34	3 213.84	11 519.61	3 226.72	3 186.62	3 204.31	649.38

司 1％的權重，形成投資組合，一週後計算該組合的漲跌幅，並用同樣的方式再換入 100 檔股票。

大家猜一猜，如果你在 1999 年投入 1 萬元，買進這個熱門股組合，18 年後的報酬率會是多少呢？

100 元！你沒有看錯，不是 100 萬元。也就是說，這個組合的跌幅是 99％。申萬在 2017 年 1 月 20 日收盤後，公布這個指數不再更新，並從網站上刪除，可見這個指數已跌到連他們都不好意思更新了。圖 2-7（見 48 頁）為申萬活躍股指數的累計報酬率走勢圖。

這個指數已經下架，請讀者一定要把它的意義當作教訓，謹慎記住：在 A 股追買熱門股，等於把錢扔進大海。

為了進一步證明頻繁交易、追逐熱門話題的負面效應，有投資機構編撰出申萬活躍股指數的反向指數「懶人指數」，專門選取市場上交易活躍度最低的 50～100 檔股票，並每個月更新一次組合。圖 2-8（見 48 頁）為活躍股指數與懶人指數的 10 年報酬率對比。

10 年下來，追蹤市場熱門話題的活躍指數虧損 90％以上，懶人指數的

圖2-7 ▶ 申萬活躍股指數的累計報酬率走勢圖

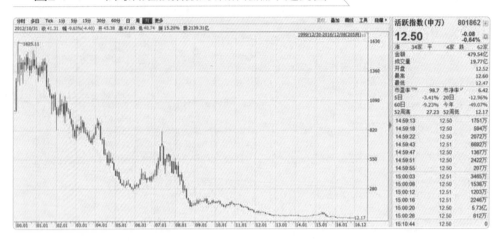

圖2-8 ▶ 活躍股指數與懶人指數的10年報酬率對比

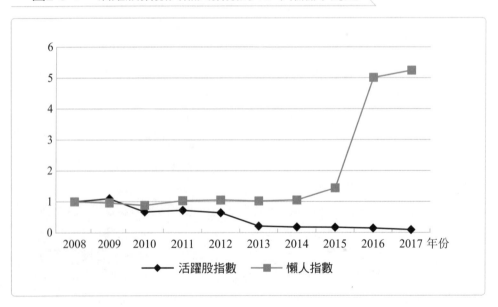

最終報酬率卻達到 524%。這兩個極端指數的對比說明，盲目追漲殺跌，頻繁追逐市場熱門話題，反而會降低長期投資報酬率。

　　短期的股價走勢大多是投資者博弈的結果，受到太多非理性因素的影響，沒有人能做出精確判斷。頻繁交易的標的通常是短期內被集中炒作，在股價攀升的過程中勢必吸引更多人跟進。這樣的熱門股雖然短期內股價會上漲，但一出現風吹草動，就會發生恐慌性拋售。投資者若對價格和價值沒有正確認知，盲目追漲殺入，那麼在價格回歸價值的過程中，很容易虧損。

　　活躍股指與懶人指數的長期報酬率差異，充分說明投資者必須有定力，抱持長期投資、價值投資的心態，才能在股市中立足。

申萬低價股指數

　　該指數從 1999 年 12 月 31 日開始，以 1,000 點為基準，成份股是該季度價格最低的 200 檔股票，每季度調整一次。很有意思的是，該指數在所有申萬風格指數中表現最佳，到 2019 年已經超過 7,000 點，換句話說，該指數在不到 20 年之內翻漲 7 倍以上，最高在 2015 年牛市中超過 14,000 點，也就是漲了 13 倍。圖 2-9（見 50 頁）為申萬低價股指數累計走勢圖。

　　為什麼低價股策略在 A 股有如此好的表現呢？原因是 A 股的下市制度不完善，很多時候垃圾公司透過重組，重新變成優質公司，並由散戶跟風炒作。可以想像，低價股策略若應用在港股、美股中，多年下來淨值只會賠得一塌糊塗，因為這些股市有完善的下市制度，如果選取低價股組合，很可能只會選到接近下市的雞蛋水餃股。

　　申萬低價股指數證明低價策略在 A 股的有效性，可作為一種投資指導方案。然而，低價股策略只適用於 A 股，至於未來能不能繼續適用，則取決於政策的變化，因為近期已有股票陸續下市。表 2-3（見 50 頁）是未來有下市風險的個股名單。

申萬低市盈率（低本益比）指數

　　該指數從 1999 年 12 月 31 日開始，以 1,000 點為基準，成份股是本益比

圖2-9 ▶ 申萬低價股指數累計走勢圖

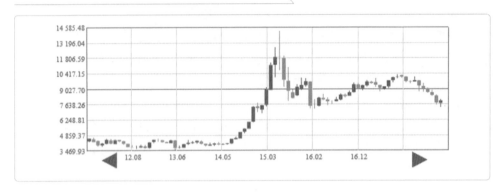

表2-3 ▶ 未來有下市風險的個股名單

證券代碼	證券簡稱	2017 年淨利（億元）	2018 年淨利（億元）	2019 年年報業績預告
300104	樂視網	-138.78	-40.96	續虧
000939	*ST 凱迪	-23.81	-48.10	續虧
300090	盛運環保	-13.18	-31.13	續虧
000792	*ST 鹽湖	-41.59	-34.47	續虧
300216	千山藥機	-3.24	-24.66	續虧
002604	*ST 龍力	-34.83	-28.05	續虧
600074	*ST 保千	-77.32	-16.89	續虧
600396	*ST 金山	-8.96	-7.29	續虧
300071	華誼嘉信	-2.77	-7.69	續虧
600652	*ST 遊久	-4.22	-9.05	續虧
600421	*ST 仰帆	-0.08	-0.09	續虧

最低的 200 檔股票，每半年調整一次。2019 年，該指數在 6,000 點左右，績效在申萬風格指數中排名第二，僅次於低價股策略。

也就是說，一般人理解的價值投資在 A 股有效，在 A 股買進低本益比的股票組合，能跑贏大盤。低本益比是神奇公式採用的兩個參數之一，因此證明神奇公式能挑出有效的股票組合。圖 2-10（見 52 頁）為申萬低市盈率指數累計走勢圖。

申萬低市淨率（低股價淨值比）指數

該指數從 1999 年 12 月 31 日開始，以 1,000 點為基準，成分股是股價淨值比（Price-Book Ratio, 簡稱 PB）最低的 200 檔股票，每半年調整一次。2019 年，該指數在 5,000 點左右，大致翻漲 5 倍，能跑贏指數。圖 2-11（見 52 頁）為申萬低市淨率指數累計走勢圖。

申萬績優股指數

該指數用股東權益報酬率（Return On Equity，簡稱 ROE）作為評判公司業績的指標，由高到低排名，以前 100 檔股票作為成份股，每年 5 月和 9 月調整一次。2019 年，該指數不到 5,000 點，也能跑贏指數，證明該策略在 A 股有效。圖 2-12（見 52 頁）為申萬績優股指數累計走勢圖。

評判一家公司是否績優，也是神奇公式採用的兩個選股條件之一。申萬績優股指數的表現證明，在 A 股持有績優股組合能跑贏大盤，堅定我們在 A 股應用神奇公式的信心。

申萬風格指數的總結

申萬風格指數現在共有 17 個指數（如 53 頁圖 2-13 所示），從指數的編撰和長期走勢可以發現，如果堅持選擇 A 股中價格較低、本益比較低、股價淨值比較低的股票，以及績優股，跑贏 A 股大盤指數的機率將非常大。相反地，如果選股風格是追蹤熱門話題，找本益比較高的科技股，或買進業

圖2-10 ▶　申萬低市盈率指數累計走勢圖

圖2-11 ▶　申萬低市淨率指數累計走勢圖

圖2-12 ▶　申萬績優股指數累計走勢圖

圖2-13 ▶　申萬風格指數系列和分支

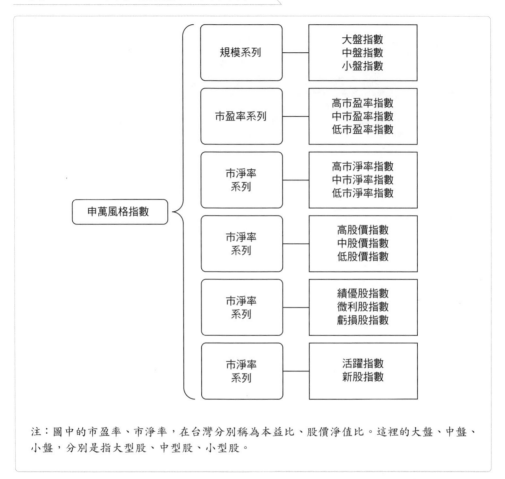

注：圖中的市盈率、市淨率，在台灣分別稱為本益比、股價淨值比。這裡的大盤、中盤、小盤，分別是指大型股、中型股、小型股。

績差的題材股，長期報酬率肯定跑不贏大盤指數，甚至會大幅虧損。

　　第 1 章提到，神奇公式的內涵是選取優質低價股。從本節分析各種申萬風格指數的結論可知，低本益比和績優股的投資策略，在 A 股最長期有效，而且很有可能跑贏大盤，因此也證明神奇公式在 A 股的實用性。一般缺乏專業知識的投資者，利用這種被驗證過的實用性，也能跑贏大盤，甚至專業投資機構、經濟專家或金融學者。

2-5

A股25年資料回測，
公式的累積報酬率狂勝指數53倍

　　神奇公式在 A 股的應用效果究竟如何呢？我們抱著好奇心，透過資料回測和實際驗證，從 2014 年開始，研究神奇公式在 A 股的成效。

　　具體上，我們找到 A 股從 1995 年到 2019 年的資料，根據神奇公式的選股方法，挑出 20 檔股票，每年更換一次，並計算報酬率。同時，我們在證券資訊平台上建立神奇公式的模擬交易帳戶，透過即時資料驗證神奇公式的實際效果。

在牛市與熊市的表現對比

　　經過對 A 股的資料回測，神奇公式的效果讓人非常驚艷：如果有人在 1995 年投入 1 萬元，25 年後到了 2019 年，大家猜猜會變成多少錢？

　　268.1 萬元！你沒有看錯，如果你持續使用神奇公式做投資，25 年的累積報酬率將是 268.1 倍，年化報酬率將超過 25%。也就是說，神奇公式不僅在 A 股有效，而且效果比在美股更好。表 2-4 是神奇公式在 A 股近 25 年的報酬率，對比上證指數的年漲幅。

　　再比較神奇公式與上證指數的報酬率曲線。從圖 2-14（見 56 頁）可以看出，神奇公式與上證指數有很強的相關性。在牛市，神奇公式和上證指數都上漲，例如：1996 年、2000 年、2006 年、2007 年、2009 年、2014 年，兩者都有較大漲幅；在熊市，例如：2001 年、2004 年、2008 年、2011 年、2018 年，神奇公式和上證指數都有較大跌幅。

表2-4 ▶　神奇公式在Ａ股應用25年的報酬率，與上證指數對比

年份	1995	1996	1997	1998	1999	2000	2001
神奇公式	2.84%	277.05%	67.33%	4.51%	16.66%	60.47%	-22.93%
上證指數	-13.66%	66.18%	31.29%	-4.67%	19.58%	51.83%	-20.90%
年份	2002	2003	2004	2005	2006	2007	2008
神奇公式	-4.32%	27.58%	-18.47%	-19.79%	110.10%	267.54%	-60.21%
上證指數	-18.02%	10.76%	-15.55%	-7.70%	134.57%	93%	-64.88%
年份	2009	2010	2011	2012	2013	2014	2015
神奇公式	122.20%	35.51%	-26.20%	71.91%	6.90%	60.68%	43.51%
上證指數	79.98%	-14.31%	-21.68%	3.17%	-6.75%	52.87%	9.41%
年份	2016	2017	2018	2019			
神奇公式	5.45%	26.85%	-30.86%	19.84%			
上證指數	-12.31%	6.56%	-21.33%	20.34%			
	累積報酬率		年化報酬率				
神奇公式	26,811.84%		25.06%				
上證指數	499.11%		6.64%				

　　為什麼神奇公式可以大幅跑贏上證指數呢？仔細比較表 2-4 的資料可以發現，在熊市年份，神奇公式的表現基本上能與上證指數持平，或是略優，但在牛市年份，神奇公式的報酬率明顯高於上證指數的漲幅。舉例來說，在 1996 年，上證指數的年漲幅為 66.18％，神奇公式則是 277.05％。另外，在 2000 年、2006 年、2007 年、2009 年、2014 年這些牛市年份，神奇公式也都有神奇表現。

　　根據 A 股 25 年資料，我們得出結論：神奇公式選擇優質低價股做投資，長期來看是有效的，不但能在牛市獲取超額報酬，還可以在熊市抗跌。

圖2-14 ▶ 上證指數與神奇公式的累積報酬率曲線

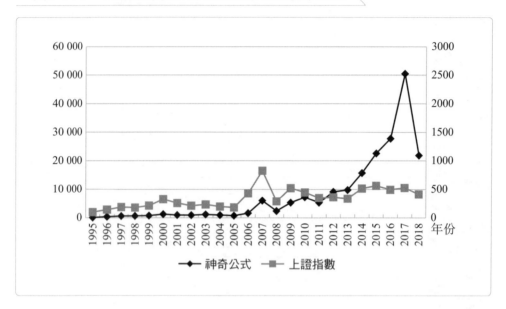

神奇公式投資組合的平均本益比

從 1995 年到 2019 年，神奇公式投資組合的平均本益比如圖 2-15 所示。可以看到，有幾個年份接近或超過本益比小於 20 的選股要求，說明在這幾年中，按照神奇公式選股非常困難，需要稍微放寬標準。比如說，在 1998 年、2001 年、2008 年和 2016 年，滿足神奇公式要求（本益比小於 20）的公司已經不足 20 個。選股困難說明整體股市的估值過高，市場有較高的風險。

平均本益比較低的年份則說明，整體股市的估值較低，有足夠多的公司滿足神奇公式的條件，例如：1996 年、2006 年、2009 年、2014 年這些年的平均本益比略大於 5。也就是說，神奇公式在這些年份選取到優質低價股，長期持有會有較高的投資報酬率。

入選神奇公式最多的行業

此外，我們統計出 1995 年到 2019 年，入選神奇公式的公司行業分布，

圖2-15 ▶　神奇公式歷年平均本益比

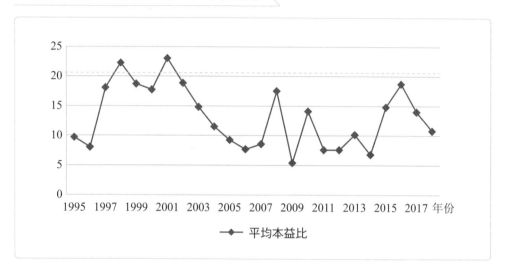

如圖 2-16（見 58 頁）所示。

可以看出，優質低價的公司集中在汽車（11.25％）、房地產（11.25％）、鋼鐵（10.21％）、食品飲料（5.63％）、煤炭採掘（4.79％）、家電（4.38％）這六大行業，反映出這 25 年間，中國的高速發展仰賴大眾消費和大型基礎建設。這六大行業的公司一方面業績穩定，另一方面因為某些緣故，長期被市場低估。

關於神奇公式在 A 股牛市與熊市的表現和分析，我們將在第 3 章和第 4章詳細論述。我們也將詳細依照時間和行業，研究入選神奇公式的公司組合，並嘗試回答這些公司業績高卻被低估的原因。

入選神奇公式最多的公司

1995 年到 2019 年這 25 年間，入選神奇公式最多次的公司是哪一家？

答案有點複雜，若是單一沒有經過重組、合併、變更的公司，五糧液當之無愧，一共入選 6 次。但是，武鋼股份、杭鋼股份、韶鋼松山、寶鋼股份這些國有鋼鐵廠，經過多次合併重組，若把武鋼 6 次、杭鋼 4 次、韶鋼 3 次、

圖2-16 ▶ 1995～2019年入選神奇公式的公司行業分布

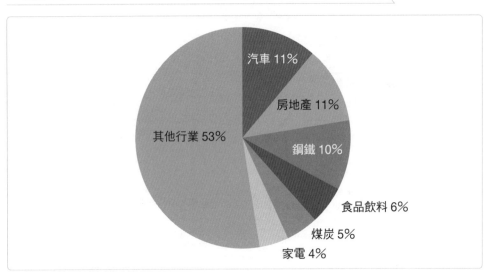

汽車 11%

房地產 11%

其他行業 53%

鋼鐵 10%

食品飲料 6%

煤炭 5%

家電 4%

寶鋼 3 次加在一起，入選神奇公式最多的公司應該是 2016 年合併成立的寶武集團。

從 25 年長期價值投資的角度來看，五糧液當然比這些國有鋼鐵集團更優質。國有鋼鐵廠的黃金時期是 2000 年到 2008 年，中國的大型基礎建設使鋼鐵需求大增，國有鋼鐵廠的業績多年走紅，但在之後 10 年，基礎建設逐漸進入產能過剩階段，國有鋼鐵廠的效益不再，因此近幾年展開合併重組。由此可見，最常入選神奇公式的公司，不一定有長期投資價值，所以神奇公式組合必須每年更換一次。

其他多次入選神奇公式的還有格力電器、貴州茅台、瀘州老窖、宇通客車等，直到今天都是被視為白馬股的優質公司。房地產行業入選的企業占比較高，但每年入選的房地產企業非常分散，許多早已不復存在，說明中國房地產行業不僅集中度有待提升，而且風險較大。

2-6

持續實踐神奇公式的6個步驟，績效足以擊敗大盤

相信讀者看到第 2-5 節的神奇公式報酬率，應該會很好奇，這個公式究竟要如何操作？

以下是神奇公式的選股投資法，分為 6 個步驟。

第一步：找出市值大於 30 億元的 A 股股票，作為股票池 1。

第二步：在股票池 1 中，找出投資報酬率大於 20％的股票，作為股票池 2。在股票池 2 中，找出本益比小於 20 的股票，作為股票池 3。

第三步：在股票池 3 中，找出 20 檔你認為最好的股票。

第四步：打開股票帳戶，等比例買進這 20 檔股票，並記下購買日期，然後把股票帳戶關掉不要看。

第五步：等到隔年的今天，賣出所有股票。重複以上步驟，買進新的 20 檔股票，然後再等一年。

第六步：每年重複以上步驟，切記要持續執行，並在 5 年後準備好寫給我的感謝信。

整個神奇公式的操作方式一點也不複雜，最困難之處在於要持續執行。即便經歷題材股牛市、股災、慢熊，你都必須堅持下去。

本章小結

　　本章試圖用各種實例和資料，向讀者證明以下幾個在 A 股投資的事實：

▶ A 股的長期投資報酬率有保證，與美股接近，約為 7%～9%，因此 A 股可以長期投資。

▶ 不管在美股或 A 股，散戶投資賺錢的比例不超過 5%，因此不要認為長期投資 A 股就穩賺不賠。

▶ 在大部分情況下，A 股的主動型基金可以跑贏被動型基金，但要挑到能跑贏大盤指數的主動型基金並不容易，所以要弄清楚真正長期有效的投資策略。

▶ 長期來看，挑選低本益比、績優股的組合，並長期持有，能大幅跑贏大盤指數。切勿追熱門話題、追題材、追漲殺跌。

　　上述 4 個事實證明，理論上神奇公式在 A 股是適用的。我們進行 A 股 25 年資料回測，結果出乎意料地好，25 年的累積報酬率高達 268 倍。

　　神奇公式投資法既簡單又有效，一般的投資者都能學會，因此本書將它推薦給大家。只要長期持續使用，就能跑贏大盤和大部分的投資者、股票專家。

　　接下來，透過後續的章節，詳細分析神奇公式在 A 股牛市和熊市的表現，並嘗試對公式提出調整，讓它的演算法更適用於 A 股投資。

NOTE   /   /   /

透過前兩章的介紹，讀者已大致了解神奇公式的原理，應該認可神奇公式不僅能應用在美股，也適用於 A 股。而且，神奇公式在 A 股的長期年化報酬率超過 25%。

　　對散戶來說，這是一種簡單且有效的投資方法，不但投資報酬率優於指數基金，還能省去挑選主動型基金的麻煩。

　　為了讓讀者更清楚神奇公式的使用方法，本書將用接下來兩章的篇幅，針對 A 股在牛市和熊市的特殊年份，回顧神奇公式挑選的股票組合和投資成效，希望能堅定讀者長期投資的信心。

第**3**章

在牛市不跟風
追逐主流股，
穩穩獲取高報酬

3-1

【回歸牛】神奇公式的漲幅277％，明顯高於上證指數

　　1992 年，廣東等沿海省份掀起一鼓經商熱，各大銀行為了突破信貸瓶頸，開始各種金融創新，透過表外資產（注：即資產負債表或附註中沒有反映出的資產。企業將旗下的子公司、貸款、衍生性金融商品等置於此項，以降低債務與資本比例）突破監管和銀行準備金限制，擴大信貸規模。當年的銀行基準利率在 9％左右，表外的資金成本（注：企業為了籌措資金所付出的成本）都在 20％以上。

　　僅僅一年後，政府感到經濟過熱，甚至有失控的風險。為了防範風險，朱鎔基總理在 1993 年 8 月兼任中國人民銀行行長，上任後的首要之務就是控制銀行資金流入房地產行業。

　　1995 年，各大銀行開始成立各種資產管理公司，切割並打折處理表外資產和呆帳。銀行整頓持續到 2004 年，直到四大國有銀行完成上市，以及中國加入世界貿易組織（WTO）才真正結束。1995～2002 年銀行整頓後，固定資產投資萎縮，如圖 3-1 所示。

　　雖然這波經濟整頓從 1995 年開始持續 10 年，但中國股市在 1995 年的頹勢後，在 1996 年走出一整年的單邊牛市，上證指數從最低 512 點漲到年末最高 1,258 點。而且，1996 年僅是接下來 6 年慢牛當中的一年，這輪慢牛一直漲到 2001 年 6 月的 2,245 點，期間經歷 1997 年香港回歸和 1998 年亞洲金融危機。

　　雖然這輪慢牛一度受到亞洲金融危機和證券及期貨事務監察委員會（以下簡稱證監會）的打壓而中斷，但最終讓上證指數翻漲 4 倍，如圖 3-2 所示。

圖3-1 ▶ 1995～2002 年銀行整頓後，固定資產投資萎縮

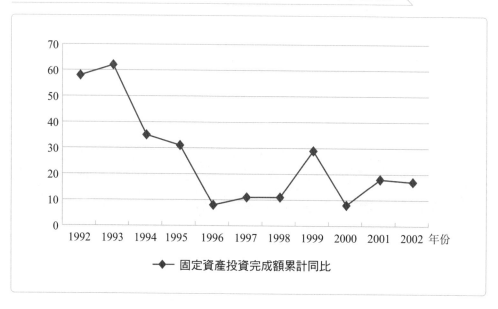

圖3-2 ▶ 1995～2004 年中國股市走出一波行情

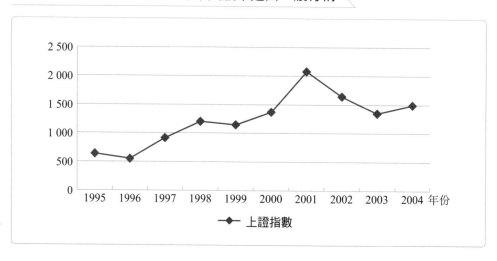

階段一：1996年

1996年，神奇公式獲得277%的報酬率，大幅超越上證指數的漲幅。我們用資產報酬率（ROA）大於10和本益比（PE）小於20為基準，選出46檔符合條件的上市公司股票。具體名單見表3-1。

表3-1 ▶ 1996年資產報酬率大於10、本益比小於20的上市公司名單

股票代碼	股票簡稱	資產報酬率（%）1995-12-31	本益比 1995-12-31	所屬申萬行業
000568.SZ	瀘州老窖	33.91	11.32	食品飲料／飲料製造／白酒
000570.SZ	蘇常柴 A	33.60	6.54	機械設備／通用機械／內燃機
600854.SH	春蘭股份	29.73	6.87	家用電器／白色家電／空調
600839.SH	四川長虹	26.33	3.33	家用電器／視聽器材／彩電
600867.SH	通化東寶	24.25	8.39	醫藥生物／生物製品 II／生物製品 III
600640.SH	號百控股	21.74	16.26	休閒服務／旅遊綜合 II／旅遊綜合 III
000026.SZ	飛亞達 A	20.48	9.43	輕工製造／家用輕工／珠寶首飾
600877.SH	中國嘉陵	19.73	8.37	汽車／其他運輸設備／其他運輸設備
600643.SH	愛建股份	18.54	9.89	非銀金融／多元金融／多元金融
000042.SZ	中洲控股	18.40	7.00	房地產／房地產開發 II／房地產開發 III
000543.SZ	皖能電力	17.72	7.94	公用事業／電力／火電
600819.SH	耀皮玻璃	17.54	14.49	建築材料／玻璃製造／玻璃製造
000541.SZ	佛山照明	16.93	7.43	電子／其他電子／其他電子
600698.SH	湖南天雁	15.77	10.43	汽車／汽車零部件／汽車零部件
600870.SH	廈華電子	15.02	12.30	家用電器／視聽器材／彩電
600690.SH	青島海爾	15.00	8.29	家用電器／白色家電／冰箱
600814.SH	杭州解百	14.97	11.58	商業貿易／一般零售／百貨
000016.SZ	深康佳 A	14.93	5.08	家用電器／視聽器材／彩電
600684.SH	珠江實業	13.79	12.67	房地產／房地產開發 II／房地產開發 III
600881.SH	亞泰集團	13.74	12.47	建築材料／水泥製造／水泥製造

（續上表）

股票代碼	股票簡稱	資產報酬率（％）1995-12-31	本益比 1995-12-31	所屬申萬行業
000559.SZ	萬向錢潮	13.61	17.28	汽車／汽車零部件／汽車零部件
000021.SZ	深科技	13.54	6.85	電腦／電腦設備／計算機設備
600694.SH	大商股份	13.12	11.20	商業貿易／一般零售／多業態零售
600868.SH	梅雁吉祥	12.91	11.32	公用事業／電力／水電
600693.SH	東百集團	12.79	16.36	商業貿易／一般零售／百貨
600821.SH	津勸業	12.67	12.42	商業貿易／一般零售／百貨
600812.SH	華北製藥	12.52	9.66	醫藥生物／化學製藥／化學原料藥
600828.SH	成商集團	12.43	16.93	商業貿易／一般零售／百貨
000539.SZ	粵電力 A	12.27	8.48	公用事業／電力／火電
000571.SZ	新大洲 A	11.69	9.40	採掘／煤炭開採 II／煤炭開采 III
000022.SZ	深赤灣 A	11.63	12.56	交通運輸／港口 II／港口 III
000039.SZ	中集集團	11.47	10.68	機械設備／金屬製品／金屬製品
000524.SZ	東方賓館	11.46	8.81	休閒服務／酒店 II／灑店 III
600612.SH	老鳳祥	11.39	19.43	輕工製造／家用輕工／珠寶首飾
600880.SH	博瑞傳播	11.38	17.55	傳媒／文化傳媒／平面媒體
000521.SZ	美菱電器	11.29	7.35	家用電器／自色家電／冰箱
600844.SH	丹化科技	11.05	19.35	化工／化學製品／其他化學製品
600861.SH	北京城鄉	10.98	10.43	商業貿易一般零售百貨
600800.SH	天津磁卡	10.90	12.92	電子／其他電子／其他電子
600835.SH	上海機電	10.89	16.61	機械設備／專用設備／樓宇設備
600876.SH	洛陽玻璃	10.68	19.89	建築材料／玻璃製造／玻璃製造
600642.SH	申能股份	10.55	18.83	公用事業／電力／火電
000024.SZ	招商地產	10.34	12.12	房地產／房地產開發 II／房地產開發 III
600865.SH	百大集團	10.29	13.70	商業貿易／商業物業經營／一般物業經營
600668.SH	尖峰集團	10.23	19.57	建築材料／水泥製造／水泥製造
000020.SZ	深華髮 A	10.04	12.38	電子／電子製造／電子系統組裝

經歷 1995 年政府對銀行的整頓之後，這 46 家上市公司依然保持較高的報酬率和較低的股價，符合神奇公式的選股標準。

我們依行業統計這 46 家公司，結果如表 3-2 所示。可看出，這些公司主要集中在商貿、家電、建築、房地產、汽車等行業，如圖 3-3 所示。1996 年，中國還沒進入物質過剩時代，因此這些行業對應的龍頭企業，擁有非常好的投資報酬率。

在這 46 家公司當中，我們選出報酬率最高且股價最低的 20 家，作為 1996 年神奇公式組合，具體名單如表 3-3（見 70 頁）所示。

為了解釋神奇公式當年選擇這些行業和企業的原因，我們要回顧 1996 年牛市的政策背景。

1. 證監會與央行政策

（1）證監會下重手規範股市：1996 年，證監會大力打擊違規上市的企業，接連處罰中山火炬、石油大明、渤海集團、浙江鳳凰等公司，認定四川廣華違規向外商轉讓國家股，嚴查海通、深圳發展銀行的違規行為。同時，要求公司配股必須符合 8 個條件，禁止股票發行的不當行為。

（2）央行幾次降準降息：央行在 1996 年 5 月和 8 月兩次大幅度降息，為股市提供資金面的支持，並在之後 5 年內，連續 6 次下調存款準備金比率。

（3）證監會降低交易稅費：1996 年 4 月，證監會要求上海證交所調低 7 種不合理的證券交易費用。同年 9 月，上海證交所開始調降手續費。

1990 年代初，持續的高通膨、高利率讓經濟走上體制改變之路。直到 1996 年通膨得到抑制，央行開始降息，政府也希望發展股市，因此證監會在 1996 年連續祭出證券監管措施，降低交易稅費，為當年開始的牛市打下基礎。

2. 政府推動基礎建設

中國政府從 1996 年開始著重開發中西部地區，陸續設立 22 個國家級經濟技術開發區和產業開發區，國債資金著重資助中西部地區的基礎建設，包括鐵路、機場、公路、通訊，並推動西電東送、西氣東輸工程。因此，基礎建設、公用事業、房地產成為當年報酬率較高的行業。

表3-2 ▶ 1996年符合選股標準的46家企業，按行業分類

行業	企業數量	年末相對於年初股價漲幅
商貿	7	120%
家電	6	278%
建築	4	36%
公用	4	232%
汽車	3	238%
房地產	3	154%
機械	3	112%
電子	3	291%
其他	13	224%
總數	46	193%

神奇公式漲幅
277.05%
上證漲幅
66.18%

圖3-3 ▶ 神奇公式1996年入選企業的行業占比

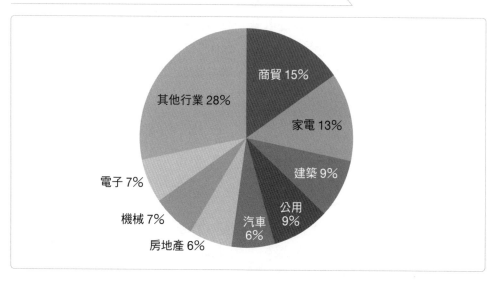

表3-3 ▶ 1996年神奇公式組合名單

代碼	股票名稱	代碼	股票名稱
000568.SZ	瀘州老窖	000541.SZ	佛山照明
000570.SZ	蘇常柴 A	600698.SH	湖南天雁
600854.SH	春蘭股份	600690.SH	青島海爾
600839.SH	四川長虹	000016.SZ	深康佳 A
600867.SH	通化東寶	000021.SZ	深科技
000026.SZ	飛亞達 A	600812.SH	華北製藥
600877.SH	中國嘉陵	000539.SZ	粵電力 A
600643.SH	愛建股份	000571.SZ	新大洲 A
000042.SZ	中洲控股	000524.SZ	東方賓館
000543.SZ	皖能電力	000521.SZ	美菱電器

　　1996年出現著名的十大牛股，其名稱和漲幅如表3-4所示。可以看到，當年的十大牛股都與中西部開發和基礎建設密切相關，而且平均漲幅達到485%，報酬率遠超過神奇公式選出來的股票組合。

　　驚喜的是，神奇公式也成功選出十大牛股當中的新大洲（000571）、深科技（000021）、四川長虹（6000839）等3檔股票。由此可見，1996年透過神奇公式選出的股票組合非常有效。

　　1996年股市從512點漲到1,258點之後，政府察覺股市過熱的風險。從7月開始，證監會開始出手打壓股市，尤其是10月之後，陸續發表《關於規範上市公司行為若干問題的通知》、《證券交易所管理辦法》、《關於堅決制止股票發行中透支行為的通知》等文件。

　　12月16日，直到滬深兩市恢復漲跌幅10%的規定，除了某檔新股上市上漲139%之外，當天610檔股票和基金全部都跌停，第二天（17日）也是全線跌停。雖然1996年的牛市受到證監會打壓，在年底暫時結束，但是正

表3-4 ▶　1996 年十大牛股和漲幅

代碼	股票名稱	年漲幅	代碼	股票名稱	年漲幅
000551	蘇物貿	727%	000001	深發展	430%
000571	新大洲	569%	000034	深華寶	410%
000031	深寶恒	544%	000514	渝發展	398%
000046	南油物業	526%	600839	四川長虹	377%
000021	深科技	503%	000530	大冷股份	362%
十大牛股平均漲幅		485.22%			
神奇公式漲幅		277.05%			

如前文所述，經歷證監會打壓和 1998 年金融危機之後，這輪牛市一路高歌猛進，直到 2001 年才真正結束。

階段二：1999 年

　　1997 年亞洲金融危機後，中國第一批標準化的封閉式基金在 1998 年成立。1999 年 5 月，在網路科技股熱潮的帶動之下，中國股市出現一波淩厲的飆升走勢，在不到兩個月的時間內，上證指數從不到 1,100 點，最高漲到 1,725 點，漲幅超過 50％。這段期間，湧現無數網路新貴，像是龍頭億安科技（已下市）的年漲幅超過 400％，海虹控股（000505）、四川湖山（000801）等公司的股價，更被炒到非理性高度。

　　以海虹控股為例，1999 年 5 月 19 日至 8 月 6 日出現上漲的首次高潮，3 個月內從 11.2 元漲至 23 元，累計漲幅 93.97％。2000 年年初至 3 月 16 日，該股再度飆升，3 個月內從 18.7 元漲至 82.78 元，累計漲幅高達 299.84％。

　　隔年春節，滬深股市在充分消化這次行情的獲利籌碼後，重拾升勢，上證指數不斷創出歷史新高，並在 2001 年 6 月 14 日達到最高 2,245.44 點。這一波持續長達兩年的 A 股大牛市，隨後因為美國那斯達克網路泡沫的破裂，

展開長達 4 年的熊市之旅。

由於這一輪行情的起始日是 1999 年 5 月 19 日，因此被稱為「519 行情」，主要背景是政府為了應對經濟下行，祭出各種穩健增長政策，包括振興中西部和各種基礎建設，在 1999 年前後確實發揮穩定 GDP 成長、保障就業、擴展內需的作用，如圖 3-4 所示。

神奇公式從 1999 年 519 行情啟動，到 2000 年行情高峰的表現，如表 3-5 所示。總體來說，如果在 1999 年和 2000 年採用神奇公式選股，報酬率與上證指數的漲幅大致相同，因為神奇公式在這兩年的持股名單是以化工、汽車、鋼鐵、電力能源業為主，基本上就是當年的藍籌股，如表 3-6 和表 3-7（見74 頁）所示。

這兩年的十大牛股當中，確實出現多檔化工、電力、能源股，例如：在1999 年，滄州化工（600722）的年漲幅為 229％，鄭州煤電（600121）的年漲幅為 121％；在 2000 年，泰山石油（000552）的年漲幅為 286％。由此可見，採用價值投資方法選股，在 A 股相當有效。

需要補充說明的是，1999 年、2000 年符合神奇公式選股要求的股票，都超過 40 檔，之後 519 行情啟動，股票價格普遍上漲，2001 年能滿足神奇

圖3-4 ▶ 1999 年中國 GDP 觸底反彈

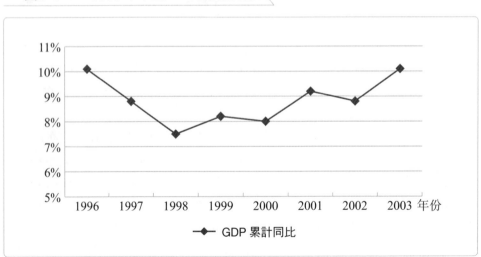

表3-5 ▶ 1999、2000 年，神奇公式與上證指數的報酬率比較

	1999 年	2000 年	年化報酬率
神奇公式	16.66%	60.47%	47.78%
上證指數	19.58%	51.83%	47.35%

表3-6 ▶ 1999 年神奇公式組合名單

股票代碼	股票簡稱	股票代碼	股票簡稱
000858.SZ	五糧液	600104.SH	上汽集團
600101.SH	明星電力	600868.SH	梅雁吉祥
600009.SH	上海機場	000539.SZ	粵電力 A
600736.SH	蘇州高新	600839.SH	四川長虹
600075.SH	新疆天業	000036.SZ	華聯控股
600642.SH	申能股份	000657.SZ	中鴿高新
600096.SH	雲天化	000629.SZ	攀鋼釩欽
000652.SZ	泰達股份	600156.SH	華升股份
000042.SZ	中洲控股	000524.SZ	東方賓館
000543.SZ	皖能電力	000521.SZ	美菱電器
000548.SZ	湖南投資	600698.SH	湖南天雁
600863.SH	內蒙華電	600103.SH	青山紙業

表3-7 ▶ 2000 年神奇公式組合名單

股票代碼	股票簡稱	股票代碼	股票簡稱
000858.SZ	五糧液	000659.SZ	珠海中富
000518.SZ	匹環生物	000778.SZ	新興鑄管
600742.SH	一汽富維	000541.SZ	佛山照明
000913.SZ	錢江摩托	000779.SZ	三毛集團
600096.SH	雲天化	600126.SH	杭鋼股份
000637.SZ	茂化實華	600868.SH	梅雁吉祥
000828.SZ	東莞控股	000612.SZ	焦作萬方
600006.SH	東風汽車	600005.SH	武鋼股份
000539.SZ	粵電力 A	000800.SZ	一汽轎車
600104.SH	上汽集團	000905.SZ	廈門港務

公式選股要求的股票只有 24 檔。

　　雖然政府在 1999 年對經濟採取穩健增長的刺激措施，工業企業的利潤在當年有 20% 同比增長，但是短暫刺激似乎無法扭轉中國企業的經營狀況，1999 年以後，工業企業利潤總額呈現逐年下降趨勢，如圖 3-5 所示。

　　中國上市公司的利潤無法改善，519 行情又抬高股市整體市值，因此我們無法選取出足夠的高資產報酬率和低本益比股票，作為神奇公式的候選組合名單。過高的市場估值，直接導致 2001 年後漫長的熊市。

圖3-5 ▶ 經過1999年短暫刺激後，工業企業利潤逐年下降

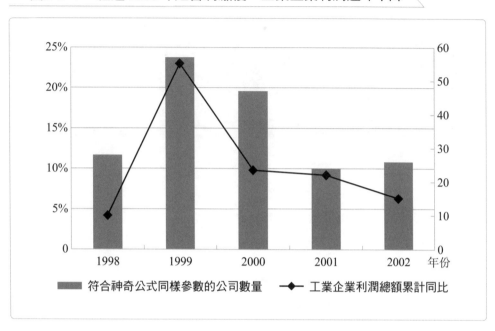

3-2
【藍籌牛】藍籌股興起加上政策變更，公式最終加速超車

2003 年的股市極為慘澹，集各種高端概念於一身的莊股（注：意指股價漲跌或成交量被莊家控制的股票）崩盤了，包括著名的中科創業（現名康達爾）、億安科技（現名神州高鐵）、銀廣夏（現名西部創業）等。

2003 年到 2005 年，大量的題材股腰斬又腰斬，成交量極度萎縮，部分公司的每日成交量只有幾十萬元。滬指從 1,800 點跌到最低 998 點，給很多人留下「不怕暴跌，就怕陰跌」（注：意指股價進一步退兩步，緩慢下滑如陰雨連綿不止）的心理陰影。

正所謂置之死地而後生，在那樣的環境下，大刀闊斧的改革勢在必行。2005 年開始的股權分置改革（注：股權分置是指，上市公司的一部分股份上市流通，稱為流通股，主要為社會公眾股；另一部分股份暫時不上市流通，稱為非流通股，大多為國有股和法人股），是這波牛市的主要導因。

當時，非流通法人股（限售股）為了獲得全流通權利，向流通股東支付股票或現金，並承諾將在一定時間內拋出套現的數目和價格。平均的對價支付比例，是流通股東將獲得 30%所持股份的贈股，等於是白送 30%股東權益。

這種白送的股東權益，只要有拋壓風險的政策一出，立刻會吸引各路資金進場，掃貨買進藍籌股和股權分置受益股。當時，流通總市值很小，股價指數被迅速推高，賺錢效應使民眾的儲蓄不斷進入股市，從而引爆長達兩年多的大牛市。這段期間，股價指數從 998 點一直漲到 6,124 點，整整上漲 6 倍多，還出現民眾排隊搶購基金的盛況，幾百億元的基金一天就能賣光。

　　2005 年牛市啟動時，GDP 累計同比增速從 2005 年的 11.1％，升至 2007 年的 14.4％，信貸餘額增速從 2005 年 5 月的低點 12.4％，回升至 2007 年 12 月的 15.0％，整體的淨利潤累計同比增速從 2005 年的 4.1％，升至 2007 年的 64％。

　　這一輪牛市是 A 股整體估值和獲利的「戴維斯雙擊」行情（注：戴維斯雙擊〔Davis Double Play〕，是指以低本益比買進業績穩定且有成長潛力的股票，再以高本益比賣出，以獲取每股盈餘和本益比同時成長的加倍效益），如圖 3-6 所示。

　　我們在這 3 年用神奇公式選股的條件，同樣設為資產報酬率大於 10，本益比小於 20。在 2005～2007 年，符合條件的公司數量分別為 121 家、77 家、66 家，如圖 3-6 所示。可以看出，2005 年符合優質低價標準的公司非常多，當年的股市遍地黃金。

圖3-6 ▶ 2005～2007 年的 A 股牛市，企業估值和獲利同時上升

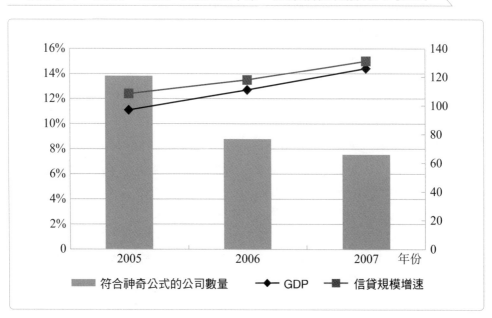

表3-8 ▶ 2005～2007年神奇公式與上證指數報酬率對比

	2005年	2006年	2007年
神奇公式	-19.79%	110.10%	267.54%
上證指數	-7.70%	134.57%	93.00%

本輪牛市分為下列3個階段。

第一階段：2005年6月至2006年1月，由科技等中小型股帶頭，開始普漲行情。

第二階段：2006年1月至2006年12月，出現二八現象（注：意指20％的股票有機會上漲，另外80％的股票只能在狹小空間內徘徊），由金融股領頭大漲，帶動指數上漲，中小型股反而下跌。

第三階段：2007年1月至2007年10月，資源股暴漲，連續漲停。

神奇公式在2005～2007年的表現，如表3-8所示。

階段一：2005年

2005年牛市啟動，當年優質低價公司的行業占比，如圖3-7所示。可以看到，2005年滿足神奇公式的公司當中，以煤炭、化工、機械等行業的占比最高。這些行業在當年有很高的投資報酬率，但市場偏見不願意給它們太高的估值。

由於2005年是牛市的第一階段，大部分上漲的股票都是中小型公司，例如洪都航空（600316）、航太電器（002025），當年漲了104％；部分科技股也受到市場青睞，例如蘇寧電器（002024）漲幅78％；還有部分低價股、ST股也被市場炒作，例如ST農化（000950）漲幅85％。

我們在2005年的選股組合如表3-9所示。因為上述的中小型神股完全不符合神奇公式選股原則，所以神奇公式在這一年大幅落後上證指數，也跑輸大部分小型股，如表3-10（見80頁）所示。

圖3-7 ▶ 2005年神奇公式入選企業的行業占比

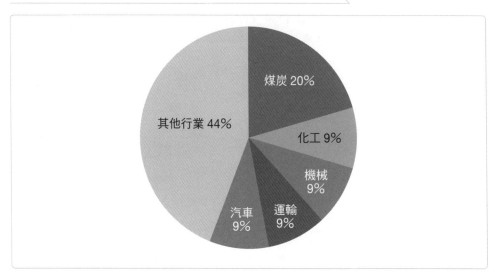

表3-9 ▶ 2005年神奇公式組合名單

股票代碼	股票簡稱	股票代碼	股票簡稱
000008.SZ	寶利來	600307.SH	酒鋼宏興
600647.SH	同達創業	600019.SH	寶鋼股份
600053.SH	中江地產	600126.SH	杭鋼股份
000039.SZ	中集集團	600104.SH	上汽集團
600500.SH	中化國際	000157.SZ	中聯重科
001696.SZ	宗申動力	000625.SZ	長安汽車
000933.SZ	神火股份	600808.SH	馬鋼股份
600005.SH	武鋼股份	600688.SH	上海石化
600231.SH	淩鋼股份	600581.SH	八一鋼鐵
600792.SH	雲煤能源	000778.SZ	新興鑄管

表3-10 ▶ 2005年神奇公式入選企業，按照行業分類的漲幅統計

行業	2005年漲幅	行業	2005年漲幅
煤炭	0.90%	汽車	-17%
化工	-0.80%	其他	-17.90%
機械	4%	上證指數	-7.7%
運輸	0.90%	神奇公式	-19.79%

階段二：2006年

2006年是牛市第二階段，由金融股帶頭拉升，中小型股下跌，上證指數上漲134.57%，神奇公式的漲幅為110.10%，稍微跑輸上證指數。

2006年神奇公式入選企業的行業，如表3-11所示，而行業占比則如圖3-8所示。我們最終選擇的20檔股票，如表3-12（見82頁）所示。可以看出，2006年優質（資產報酬率高）低價（本益比低）的公司，其實與2005年非常類似，基本上以煤炭、鋼鐵、化工等工業化企業為主。

2006年可說是藍籌股的天下，除了金融股唱主角之外，當年的十大牛股中，鵬博士（600804）、馳宏鋅鍺（600497）等股票漲了5倍，柳工、東方金鈺（600086）、瀘州老窖（000568）也有不俗的表現，而且神奇公式選

表3-11 ▶ 2006年神奇公式入選企業，照行業分類的漲幅統計

行業	2005年漲幅	行業	2005年漲幅
煤炭	80.90%	汽車	161.90%
鋼鐵	197.90%	其他	192.50%
化工	118.40%		
機械	191.40%	上證指數	134.57%
運輸	80.50%	神奇公式	110.10%

圖3-8 ▶ 2006年神奇公式入選企業的行業占比

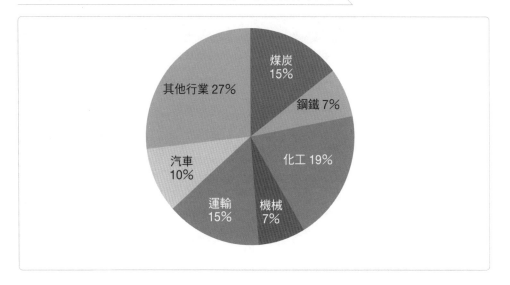

中貴州茅台（600519）、中遠航運（600428）、中集集團（000039）這些當年的牛股。

階段三：2007年

到了 2007 年，雖然優質公司還是不少，但是低價公司減少許多。由於股市狂熱，散戶陸續進場，各種公募基金供不應求，優質的績優公司受到新一輪追捧。相對於 2006 年，上證指數的漲幅降至 93％，但神奇公式表現優異，報酬率達到 267.54％。如果你在當年使用神奇公式投資，真的會賺翻。圖 3-9（見 82 頁）是 2007 年神奇公式入選企業的行業占比。

2007 年牛市第三階段的特點是煤飛色舞，煤炭和有色金屬在當年走出一波大牛行情。從資產報酬率和本益比可以看到，2007 年的有色金屬、煤炭、化工行業當中，確實有許多優質低價的企業，不是題材炒作，而是有真實業績支撐。

以下是幾檔煤炭股、有色金屬股的報酬率和本益比資料。

（1）煤炭業：資產報酬率較高、本益比普遍較低，符合神奇公式的選

表3-12 ▶ 2006年神奇公式組合名單

股票代碼	股票簡稱	股票代碼	股票簡稱
600428.SH	中遠航運	600227.SH	赤天化
600875.SH	東方電氣	000731.SZ	四川美豐
600026.SH	中海發展	000066.SZ	長城電腦
000039.SZ	中集集團	600971.SH	恒源煤電
600123.SH	蘭花科創	000937.SZ	冀中能源
600519.SH	貴州茅臺	600362.SH	江西銅業
000933.SZ	神火股份	600418.SH	江淮汽車
600005.SH	武鋼股份	600096.SH	雲天化
600348.SH	陽泉煤業	000898.SZ	鞍鋼股份
600500.SH	中化國際	600019.SH	寶鋼股份

圖3-9 ▶ 2007年神奇公式入選企業的行業占比

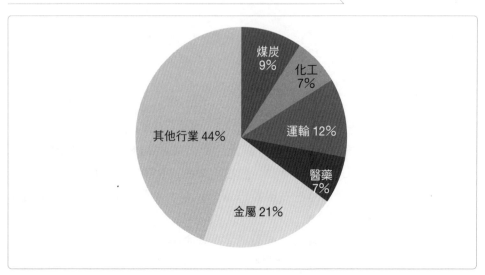

表3-13 ▶ 2007年符合神奇公式的煤炭股及其漲幅

股票代碼	股票簡稱	資產報酬率（％）2006-12-31	本益比（PE）2006-12-31	收盤價 2007-01-01	收盤價 2008-01-01	所屬申萬行業
601699.SH	潞安環能	27.40	11.71	18.23	65.65	採掘／煤炭開採 II ／煤炭開採 III
600348.SH	陽泉煤業	21.32	10.13	19.31	59.27	採掘／煤炭開採 II ／煤炭開採 III
601666.SH	平煤股份	20.18	13.52	11.42	48.75	採掘／煤炭開採 II ／煤炭開採 III
600123.SH	蘭花科創	17.69	14.44	33.91	76.39	採掘／煤炭開採 II ／煤炭開採 III

股標準，其中平煤股份（601666）漲幅 326％，屬於當年的牛股。入選神奇公式的煤炭股，在 2007 年的平均漲幅為 229.8％，表現相當不錯，如表 3-13 所示。

（2）有色金屬業：總體的資產報酬率比煤炭行業高，而且本益比更低，其中吉恩鎳業（600432）上漲 295％，是當年的大牛股。入選神奇公式的有色金屬股，在 2007 年的平均漲幅為 198.9％，可說是在平均表現之上，如表 3-14（見 84 頁）所示。

我們最終挑選的 20 檔股票，如表 3-15（見 85 頁）所示。幸運地，神奇公式選中的棱光實業（600629）、仁和藥業（000650），被證明是當年的超級大牛股，年漲幅分別為 1,267％、1,103％。另外，我們選中的洲際油氣（600759）、雲南銅業（000878）、宏達股份（600331），當年都有大約 3 倍的漲幅。2007 年神奇公式入選企業，按照行業分類的漲幅統計如表 3-16（見 85 頁）所示。

在這一波牛市中，沾上邊的都會爆紅。當時，有一位白領將一首流行歌曲改成「死了都不賣」，在網路上紅極一時，短短十幾天竟然博得上百萬點擊率。很快地，華友飛樂唱片公司以敏銳的嗅覺，推出《死了都不賣》股歌專輯，十分暢銷。

表3-14 ▶ 2007年符合神奇公式的有色金屬股及其漲幅

股票代碼	股票簡稱	資產報酬率（％）2006-12-31	本益比（PE）2006-12-31	收盤價 2007-01-01	收盤價 2008-01-01	所屬申萬行業
600497.SH	馳宏鋅鍺	38.20	10.63	79.40	166.48	有色金屬工業金屬／鉛鋅
600362.SH	江西銅業	32.22	7.08	15.26	48.19	有色金屬／工業金屬／銅
000060.SZ	中金嶺南	23.54	10.40	120.30	219.36	有色金屬／工業金屬／鉛鋅
600615.SH	豐華股份	19.53	13.39	24.24	81.75	有色金屬／金屬非金屬新材料／金屬新材料III
600961.SH	株冶集團	18.82	9.37	12.64	30.97	有色金屬／工業金屬／鉛鋅
600432.SH	吉恩鎳業	17.42	12.98	28.26	111.72	有色金屬／稀有金屬／其他稀有小金屬
000878.SZ	雲南銅業	16.62	5.11	28.17	91.18	有色金屬／工業金屬／銅
600331.SH	宏達股份	16.61	10.13	68.63	273.87	有色金屬／工業金屬／鉛鋅
000758.SZ	中色股份	16.34	13.69	45.63	128.76	有色金屬／工業金屬／鉛鋅

　　2007年5月30日凌晨，政府宣布即日起將證券交易稅上調至0.3％。上午9點半，滬深股市開盤後出現放量暴跌的態勢，跌幅達6％以上，滬指收盤4,053點，下跌281點，兩市跌停的個股超過900檔。接下來幾天，許多股票的股價接近腰斬，讓這輪牛市走向落幕。

表3-15 ▶　2007年神奇公式組合名單

股票代碼	股票簡稱	股票代碼	股票簡稱
600629.SH	棱光實業	000898.SZ	鞍鋼股份
000650.SZ	仁和藥業	600348.SH	陽泉煤業
600875.SH	東方電氣	600270.SH	外運發展
600759.SH	洲際油氣	600428.SH	中遠航運
600497.SH	馳宏鋅鍺	600961.SH	株冶集團
600362.SH	江西銅業	000558.SZ	萊茵置業
600150.SH	中國船舶	600475.SH	華光股份
601699.SH	潞安環能	000878.SZ	雲南銅業
600781.SH	輔仁藥業	600331.SH	宏達股份
000060.SZ	中金嶺南	000731.SZ	四川美豐

表3-16 ▶　2007年神奇公式入選企業，按照行業分類的漲幅統計

行業	2005 年漲幅	行業	2005 年漲幅
煤炭	229.80%	金屬	198.90%
化工	92.10%	其他	215.90%
運輸	84.70%	上證指數	93%
醫藥	458.90%	神奇公式	267.54%

3-3

【小盤牛】不搶搭創業板的順風車，獲利照樣跑贏大盤

　　2012 年到 2015 年，是一輪比較漫長的牛市。從 2012 年起，中國經濟進入「L 型」（注：是指經濟嚴重衰退，增速急劇下降，之後成長躺平，走勢呈現 L 狀）打底階段，GDP 增幅從原本的每年 10％以上，慢慢變為某幾年 8％、某幾年 7％。

　　2012 年起，以創業板為首的小型股登上 A 股舞臺，並唱了 3 年主角。著名的樂視網（300104）從 2012 年 2.07 元，一直漲到 2015 年最高 44.72 元，總漲幅超過 20 倍，而且一度出現兩個月股價翻 3 倍的奇蹟。蘭石重裝（603169）在上市前 3 年業績連續下滑，曾被批評為最差新股，但是在 2014 年以 923％的漲幅成為當年牛股冠軍。朗瑪資訊（300288）、全通教育（300359）的股價，都一度超越茅台，成為 A 股的第一高價股。

　　2012 年到 2015 年的這波小盤牛，可說是妖股的天下，許多股神重出江湖，由於行動網路開始普及，微博、雪球上出現各種大 V（注：擁有大量粉絲的公眾人物帳號）。這些大 V 經常在各種平台公布自己的即時操作資訊，吸引許多散戶跟風操作。在最瘋狂的牛市階段，一個大 V 在雪球網上的一句話，甚至能導致一家公司的股價漲停。

　　這輪牛市分為以下兩個階段。

　　（1）創業板牛市：從 2012 年至 2014 年上半年，以創業板、中小板和中小型公司為主。

　　（2）全面牛市：從 2014 年下半年到 2015 年 6 月，所有股票都進入「瘋牛」急升行情。

如表 3-17 所示，從 2012 年開始，創業板從最低 585.44 點，漲到 2015 年最高 4,037.96 點，不到 4 年便上漲幾乎 8 倍。但如果你在 2012 年投資 A 股的大型股，績效會很普通，因為上證指數從 2012 年最高 2,478.38 點，跌到 2014 年 5 月的 1,984.82 點，直到 2014 年下半年才全面進入牛市。

假設在 2012 年看好招商銀行的收入和獲利，決定以 12 元左右買進，到 2014 年 6 月牛市開始前，會虧損 10％左右。當年很多人看好貴州茅台（600519），但如果在 2012 年以 260 元左右買進，到 2014 年牛市全面啟動前，將虧損將近 50％，要到 2015 年 5 月牛市快結束時才能解套。表 3-17 是 2012 ～ 2015 年牛市的分階段統計情況。

客觀地說，2012 年的創業板牛市裡有不少優質公司，例如：網宿科技（300017）透過資本市場的力量，從 2012 年到 2016 年，每年的收入和利潤成長都超過 50％。2012 年到 2015 年，創業板整體的營收和利潤增速都保持在 20％左右，總體上，創業板公司在這幾年符合優質的標準，但過多資金湧入，使得本益比居高不下，因此不符合低價標準。圖 3-10（見 88 頁）是創業板在 2012 年牛市中，平均獲利的增速情況。

從 2012 年開始，創業板的平均本益比就超過 30 倍，2014 年上半年超過 50 倍，到了 2015 年牛市巔峰，更是創紀錄地達到 113 倍，如圖 3-11（見 88 頁）所示。

神奇公式當年的收益表現，如表 3-18（見 89 頁）所示。原以為在 2012 ～ 2015 年創業板如此瘋狂的情況下，神奇公式無法跑贏創業板指數，沒想到這 4 年的最終總報酬率為 423.76％，超過創業板指數的 369.02％，而

表3-17 ▶ 2012～2015 年牛市分階段統計

	2012 年最低點	2014 年上半年最高點	2015 年最高點	2012～2014年上半年漲幅	2012～2015 年牛市漲幅
創業板指數	585.44	1,571.4	4,037.96	168.41%	589.73%
上證指數	1,959.33	2177.98	5,178.19	11.16%	164.28%
招商銀行	9.54	11.17	21.7	17.09%	127.46%
貴州茅台	170.9	179.6	290	5.09%	69.69%

圖3-10 ▶ 2012年牛市創業板的平均獲利增速,普遍保持在20%左右

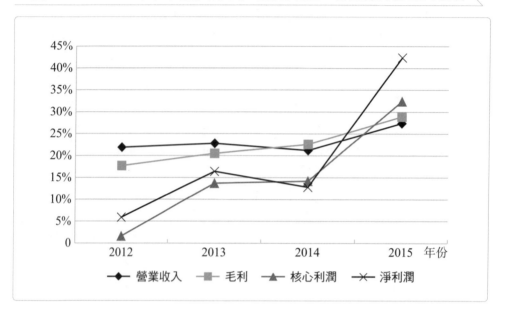

圖3-11 ▶ 創業板平均本益比從2012年的30倍,升到2015年的113倍

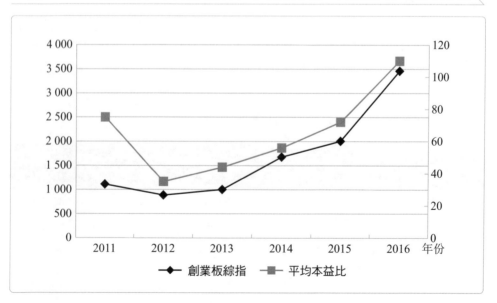

表3-18 ▶　2012～2015 年，神奇公式、上證指數、創業板指數的報酬率對比

	2012 年	2013 年	2014 年	2015 年	總報酬率	年化報酬率
神奇公式	71.91%	6.90%	60.68%	43.51%	423.76%	43.48%
上證指數	3.17%	-6.75%	52.87%	9.41%	160.91%	12.63%
創業板指數	-2.72%	81.87%	13.06%	84.50%	369.02%	38.60%

且年化報酬率達到 43.48％，大幅超過上證指數的 12.63％，也超過創業板指數的 38.60％。

在這輪小盤牛中，為何上證指數在 2013 年下跌 6.75％？原因是當年銀行出現錢荒。2013 年 6 月，一系列經濟資料顯示，經濟成長存在下行壓力，例如：4、5 月份的工業增加值、固定資產投資、出口增速等，較第一季度回落；匯豐製造業 PMI（採購經理人指數）低於市場預期，在 6 月初降至前一年 9 個月以來的新低。

為了降低經濟下行的壓力，政府放鬆貨幣政策，金融機構集中在 6 月考核和資訊披露的時機點大量放貸，銀行同業業務（注：以同業資金融通為主的各項業務）迅速膨脹，5 月末的同比增速超過 50％，導致 2013 年前 5 個月的 M2（廣義貨幣供應量）月均增速達到 15.7％，明顯超出年初制定的 13％預期目標。

這種金融機構的失控現象引起政府重視，央行在 6 月底之前快速收緊貨幣措施，減少貨幣供給量，加強對金融機構的監管。市場因為之前過度使用金融槓桿，導致 6 月底突然出現錢荒，隔夜質押式回購利率（注：企業或銀行急需資金時，融資自己擁有的證券。利率由交易雙方商定，期限為一天的回購交易的利率，便是隔夜回購利率）升至 9.81％，直接導致股市一蹶不振。

2012 年到 2015 年的 A 股，總體上是以小型股為主線的牛市，讀者一定很好奇，神奇公式在這 4 年能不能選出創業板的妖股？先看看神奇公式在這 4 年選定的 20 檔股票，如表 3-19、表 3-20、表 3-21、表 3-22（見 90～91 頁）所示。

表3-19 ▶ 2012年神奇公式20檔成份股

股票代碼	股票簡稱	股票代碼	股票簡稱
600111.SH	包鋼稀土	600970.SH	中材國際
000048.SZ	康達爾	600693.SH	東百集團
600771.SH	廣譽遠	000550.SZ	江鈴汽車
000587.SZ	金葉珠寶	600525.SH	長園集團
000156.SZ	華數傳媒	000623.SZ	吉林敖東
600340.SH	華夏幸福	600216.SH	浙江醫藥
000809.SZ	鐵嶺新城	600060.SH	海信電器
600160.SH	巨化股份	000703.SZ	恒逸石化
600636.SH	三愛富	600739.SH	遼寧成大
600094.SH	大名城	000863.SZ	三湘股份

表3-20 ▶ 2013年神奇公式20檔成份股

股票代碼	股票簡稱	股票代碼	股票簡稱
600751.SH	天津海運	000922.SZ	佳電股份
600678.SH	四川金頂	601633.SH	長城汽車
600771.SH	廣譽遠	000552.SZ	靖遠煤電
000568.SZ	瀘州老窖	000537.SZ	廣宇發展
000677.SZ	恒天海龍	000809.SZ	鐵嶺新城
000858.SZ	五糧液	002467.SZ	二六三
300040.SZ	九洲電氣	002662.SZ	京威股份
601515.SH	東風股份	002128.SZ	露天煤業
000921.SZ	海信科龍	000987.SZ	廣州友誼
600066.SH	宇通客車	600658.SH	電子城

表3-21 ▶ 2014年神奇公式20檔成份股

股票代碼	股票簡稱	股票代碼	股票簡稱
600769.SH	祥龍電業	000537.SZ	廣宇發展
000751.SZ	鋅業股份	000651.SZ	格力電器
600155.SH	寶碩股份	000858.SZ	五糧液
000958.SZ	東方能源	600694.SH	大商股份
000056.SZ	深國商	600660.SH	福耀玻璃
600519.SH	貴州茅臺	000809.SZ	鐵嶺新城
000568.SZ	瀘州老窖	600067.SH	冠城大通
002304.SZ	洋河股份	600987.SH	航民股份
600894.SH	廣日股份	600805.SH	悅達投資
002016.SZ	世榮兆業	600060.SH	海信電器

表3-22 ▶ 2015年神奇公式20檔成份股

股票代碼	股票簡稱	股票代碼	股票簡稱
603369.SH	今世緣	002304.SZ	洋河股份
002508.SZ	老闆電器	002035.SZ	華帝股份
000423.SZ	東阿阿膠	600519.SH	貴州茅臺
603188.SH	亞邦股份	000553.SZ	沙隆達 A
601877.SH	正泰電器	600583.SH	海油工程
000895.SZ	雙匯發展	000550.SZ	江鈴汽車
601633.SH	長城汽車	000333.SH	美的集團
002081.SZ	金螳螂	002440.SZ	閏土股份
601515.SH	東風股份	000651.SZ	格力電器
000902.SZ	新洋豐	600382.SH	廣東明珠

　　然後，統計神奇公式所選，市值小於 50 億元的創業板公司數量有多少，如表 3-23 所示。可以看到，小型股的比例非常低，因此神奇公式很難選出當年的創業板小型妖股。

　　神奇公式在這幾年主要是透過什麼股票，獲得 43％的年化報酬率？我們看看這 4 年間入選企業的行業占比，如圖 3-12 所示，這輪牛市的神奇公式選股，主要集中在房地產和白酒行業。

　　2012 年年初，房地產迎來一波新的高峰，一線城市的房價開始翻倍。白酒行業在 2012 年的反腐整治之後，在 2013 年迎來穩步漲價和爆發式銷售成長。家電行業在 2015 年之後，因為房地產發展也迎來一波業績。總體來說，雖然神奇公式沒有選出創業板妖股，整體報酬率仍然相當不錯，如表 3-24 所示。

　　根據不同年份和行業來看，在這輪小型股主導的牛市中，買進房地產、家電股票，可以維持比較穩定的報酬率。白酒股的崛起主要是從 2014 年開始，若從 2014 年開始持有，到 2016 年、2017 年會有不俗的表現。

圖3-12 ▶ 2012～2015 年神奇公式入選企業的行業占比

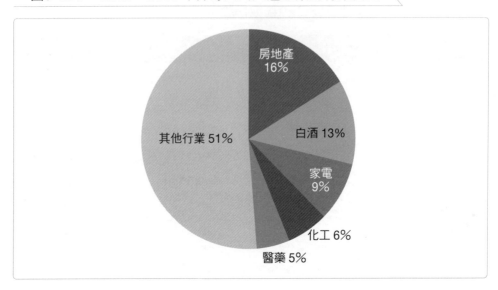

表3-23 ▶　神奇公式在2012～2015年選出的小型股統計（單位：家）

年份	創業板公司數量	中小板公司數量	市值小於100億元的公司數量	市值小於50億元的公司數量
2012	0	0	3	1
2013	1	3	6	0
2014	0	1	2	0
2015	0	4	4	1

表3-24 ▶　2012～2015年，神奇公式入選企業按照行業分類的報酬率統計

行業	2012年	2013年	2014年	2015年	4年總報酬率	年化報酬率
房地產	58.1%	2.0%	20.4%	43.0%	277.6%	29.1%
白酒	–	-41.0%	296.2%	-7.7%	215.8%	29.2%
家電	25.3%	40.5%	31.5%	-0.1%	231.3%	23.3%
化工	-29.2%	-34.0%	198.8%	-37.7%	87.0%	-3.4%
醫藥	18.2%	139.0%	–	–	282.5%	68.1%
神奇公式	71.91%	6.90%	60.68%	43.51%	423.76%	43.48%
上證指數	3.17%	-6.75%	52.87%	9.41%	160.91%	12.63%
創業板指數	-2.72%	81.87%	13.06%	84.50%	369.02%	38.60%

3-4

【白酒牛】股王暴漲行情啟動前，就已納入投資組合

　　貴州茅台（600519）一直以來都是股市大 V 的摯愛，經常有人把它當作符合巴菲特價值投資的典範。根據資料顯示，有位名叫董寶珍的投資者，從 2008 年 11 月開始買進貴州茅台，在 2010 年 7 月完成建倉，持有成本約為每股 160 元。這段期間，茅台股價上漲。

　　但 2012 年，在中央大力反腐、整治「三公」消費（注：即公費旅遊、公務車、公款吃喝等揮霍公帑等問題）的背景下，A 股白酒板塊走熊。2012 年下半年，茅台股價從每股 220 元附近，一路下跌至 2013 年的每股 120 元，股價幾乎腰斬，茅台市值跌破 1,500 億元。

　　從 2016 年 7 月 5 日茅台股價收於 300.58 元，到 2017 年 4 月 18 日突破 400 元，費時 9 個多月，再到 2017 年 9 月 25 日突破 500 元，用時 5 個月。2017 年 10 月 26 日突破 600 元，用時僅一個月。董寶珍因此一戰成名。

　　讀者一定很好奇，神奇公式在這波白酒牛，能不能把貴州茅台選入組合中？神奇公式在 2017 年這輪白酒牛的表現，如表 3-25 所示。

　　在 2017 年的白酒牛啟動之前，食品（主要是白酒）、汽車、家電、養殖等行業，從 2015 年年初就多次入選神奇公式組合，特別是白酒行業。入選神奇公式的白酒股如表 3-26 所示，在這份名單中，按照資產報酬率和本益比兩個指標，貴州茅台自然符合優質低價的條件，因此連續 3 年入選，使我們的組合在這幾年獲得比較好的收益。

表3-25 ▶　2015～2017 年神奇公式和上證指數的報酬率對比

	2015 年	2016 年	2017 年	年化報酬率
神奇公式	43.51%	5.45%	26.85%	24.86%
上證指數	9.41%	-12.31%	6.56%	-2.00%

表3-26 ▶　2015～2017 年入選神奇公式的白酒股

2015 年	2016 年	2017 年
貴州茅台	貴州茅台	貴州茅台
今世緣	洋河股份	洋河股份
洋河股份	－	伊利股份

本章小結

　　本章回顧 A 股過去 25 年的 4 輪牛市，包括了回歸牛（1996～2000 年）、藍籌牛（2005～2007 年）、小盤牛（2012～2015 年）、白酒牛（2016～2017 年）。

　　這 4 輪牛市中，每一輪的主線都不同，有以金融股、藍籌股為主，也有以小型股為主，還有以白酒等消費股為核心。儘管神奇公式並非每次都能抓住牛市的主線，但因為長期投資優質低價的公司，所以總是能跑贏每一輪牛市的大盤指數漲幅。

　　從本章的回顧中可以看到，神奇公式之所以能長期獲得較高的報酬率，主要得益於在牛市獲取的高報酬率。在第 4 章，我們將繼續探討神奇公式在 A 股過去 25 年熊市的表現。

第 3 章回顧，在 A 股過去 25 年的 4 輪牛市當中，神奇公式的表現、與上證指數的收益對比，我們從中得知神奇公式在牛市的報酬率能大幅跑贏上證指數。

　　在第 2 章中我們曾分析，神奇公式在熊市的表現與上證指數相當，雖然沒有更加抗跌，但正因為在熊市沒有表現得更差，而且在牛市表現得更優秀，所以神奇公式能長期跑贏大盤指數，獲得 25％以上的報酬率。

　　本章中，我們將詳細分析神奇公式在 A 股熊市中的表現。

第 4 章

如何安然度過熊市？
要抓對反景氣循環股

4-1

【科技泡沫】神奇公式趁低價買進，為後續漲勢打基礎

2001 年到 2005 年，對股民來說是痛苦的，原因是美國科技股破滅後，給世界經濟帶來極大的不確定性。

美國科技泡沫破裂後的熊市

1995 年至 2001 年，在美國科技公司的領頭下，歐洲、美洲及亞洲多個國家的股市掀起一波網際網路熱潮，許多與科技、新興網路相關的公司股價快速上升。1995 年年初，那斯達克指數最低只有 740.47 點，2000 年 3 月 10 日已漲到 5,132.52 點，比一年前翻漲一倍以上，在 5 年內翻漲 7 倍之多，如圖 4-1 所示。

在科技股泡沫期間，許多股票幾乎每個月都在翻倍，舉例來說，1999 年的中華網公司，股價從 40 美元上漲到 140 美元。1990 年代後期，大量創投公司或基金投資資訊科技和網路行業，在這波高漲的新經濟行情後期，投資者幾乎失去理智，瘋狂追捧相關的首次公開募股（IPO）標的，甚至不少公司只是將名稱改成網路相關，即使根本不存在網路業務，股價就能瞬間飛漲。

光是 1999 年就有 457 例 IPO，絕大多數都與科技或網路相關，其中有 117 檔股票，市值在上市的首個交易日就翻倍，例如：VA Linux 在 1999 年 12 月 IPO 當日，漲幅達到 736%，創下美國有史以來的 IPO 首日紀錄。

2000 年年初，美國經濟出現過熱跡象，2 月、3 月的 CPI 連續超出預期，

圖4-1 ▶　美國科網股泡沫期間的那斯達克指數走勢圖

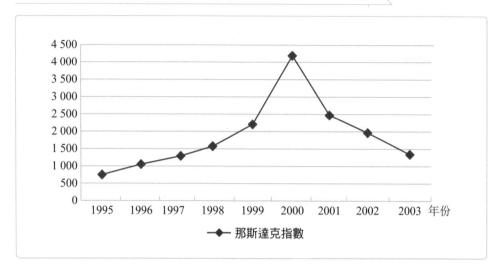

分別達到 3.2％、3.8％，為 3 年以來最高水準。為了因應，美聯會（Federal Reserve System，簡稱 Fed，又稱作聯準會）在 2000 年 2 月 2 日和 3 月 21 日連續兩次加息 0.25％，導致美國公司利潤下降，資金也從美國股市中抽離。

　　科技股泡沫破裂的導火線，是美國司法部對微軟的反壟斷指控。2001 年安隆（Enron）和世界通訊（WorldCom）的財務醜聞，更是雪上加霜。2000 年 3 月 11 日到 2002 年 9 月，在短短 30 個月內，那斯達克指數暴跌 75％，創下 6 年間的最低點。

　　無數的「.com」公司市值暴跌，甚至倒閉，在那斯達克上市的企業有 500 家破產，40％下市，80％企業跌幅超過 80％，3 萬億美元的紙上富貴瞬間蒸發，投資者損失慘重。

　　舉例來說，InfoSpace 在 2000 年 3 月達到每股 1,305 美元，2001 年 4 月下跌到 22 美元。Boo.com 在 6 個月內耗資 1.8 億美元，試圖創造全球線上時尚店，最終在 2000 年 5 月倒閉。股價最高曾達到 140 美元的中華網，最後也以倒閉收場。

中國「519」科技牛結束後的熊市

第3章提及從1999年開始的519行情，就是受美股科技股影響而掀起的一場科技熱潮，使網路股成為最時髦的投資概念。根據資料，1999年有近80家A股公司進軍網路相關業務，持續到2000年網路行情的最後階段，更達到300多家。

為了因應519行情後的股市過熱，央行開始緊縮貨幣，1999年6月10日到2002年2月間，央行停止降息，並在1999年11月降準之後，逐步提高存款準備金。證監會開始打擊炒股行為，頒佈51件有關證券監管的法規和條例，掀起強化上市公司治理的監管風暴，使股市承受巨大壓力。在此期間，有80多家上市公司和10多家仲介機構受到公開譴責、行政處罰，甚至立案偵查。

2001年6月14日，「國有股減持」辦法成為壓倒牛市的最後一根稻草。減持就是變相攤派（強行配售）和增資，中國A股開始過度增資，儘管股市一直走弱，融資額卻達到近15年來的40%左右，使大盤承受巨大壓力。A股從此走上漫漫熊途，上證指數從2001年6月最高2,245.42點，跌到2005年6月的998.23點，跌幅超過55%，如圖4-2所示。

熊市期間出現許多跌幅巨大的股票，例如2001年銀廣夏A（000557），年跌幅達到88.9%。如果當年有人在高點買進這檔股票10萬元，持有到年底，他就只剩1萬元，可謂血本無歸。

另外，519行情中的超級牛股億安科技（000008），這檔僅有3,529萬流通股的小型股，業務範圍涉及數碼科技、網路工程、生物工程、電子通訊、電動汽車、新能源和納米技術等，幾乎把當年的高科技概念一網打盡，股價從1999年的5.5元一直漲到126元，成為第一隻破百元股票。

2001年美國科技泡股沫破裂時，鑒於億安科技股價出現的種種異狀，證監會宣布查處涉嫌操縱股價的人士，重點監控持有億安科技的主要帳戶。受此消息影響，億安科技接連跌停，光是2001年的跌幅就達75.2%，一度從最高126元跌到最低3元。這檔股票可說是A股老股民記憶中的噩夢，後來該公司改名為「寶利來」，還是難逃下市命運，最終由神州高鐵接手，如圖4-3所示。

圖4-2 ▶ 2000 年開始，美國那斯達克和中國科技股泡沫陸續破滅

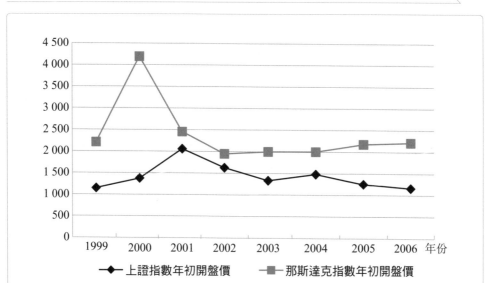

圖4-3 ▶ 億安科技的股價破滅

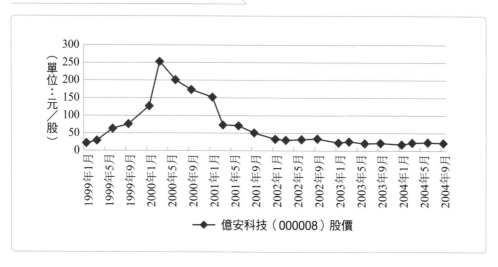

神奇公式在該輪熊市中的表現

身處 2001～2005 年的熊市，A 股可說是讓人心碎的投資絞肉機。在漫長的熊市中，成交量不斷創新低，不斷有股票出現利空跌停，離開股市也許是最好的投資選擇。

假如不想離開股市，利用神奇公式進行投資會不會比較好呢？在這幾年漫長熊市中，神奇公式的表現如表 4-1 所示。

可以看到，2003 年 A 股出現反彈，上證指數的年漲幅為 10.76%，但我們仍將 2003 年納入 2001～2005 年這輪熊市中。在第 3 章，我們把 2005 年當作藍籌牛的起點，但實際上該年的上證指數還是下跌 7.70%，因此我們把 2005 年當作科技泡沫熊市的結束年份。

1. 與大盤報酬率差別不大

簡單對比上證指數和神奇公式在這輪漫長熊市中的表現，從年化報酬率來看，兩者的差別並不大，神奇公式是 -9.26%，上證指數是 -10.95%，只相差 1.69%，神奇公式表現略好。

從具體年份來看，2001 年和 2004 年，上證指數與神奇公式的報酬率相當接近。2002 和 2003 年，神奇公式的表現比上證指數優秀，2002 年神奇公式只有 -4.32% 的回撤，在 2003 年卻反彈到 27.58%，均優於上證指數。但是在 2005 年，也就是下一輪牛市的起點，神奇公式卻巨幅回撤 -19.79%，遠遠落後於上證指數的 -7.70%，導致神奇公式最終的年化報酬率，並沒有領先上證指數太多。

2. 選中反景氣循環股

雖然神奇公式和上證指數的報酬率差別不大，但仔細分析 2001～2005 年入選神奇公式的行業分類（如圖 4-4 所示），會發現鋼鐵行業的占比超過 35%，汽車和房地產行業的占比超過 20%。

在 2001～2005 年的經濟週期中，中國加大投資基礎建設，導致鋼鐵需求量暴增，還有從 2005 年開始，中國正式進入黃金十年，房地產行業在房地產商品化的改革推進之下，進入業績啟動階段，造就萬科等房地產企業。

表4-1 ▶ 2001～2005 年神奇公式與上證指數的報酬率對比

年收益對比	2001 年	2002 年	2003 年	2004 年	2005 年	年化報酬率
神奇公式	-22.93%	-4.32%	27.58%	-18.47%	-19.79%	-9.26%
上證指數	-20.90%	-18.02%	10.76%	-15.53%	-7.70%	-10.95%

圖4-4 ▶ 2001 ～ 2005 年神奇公式入選企業的行業占比

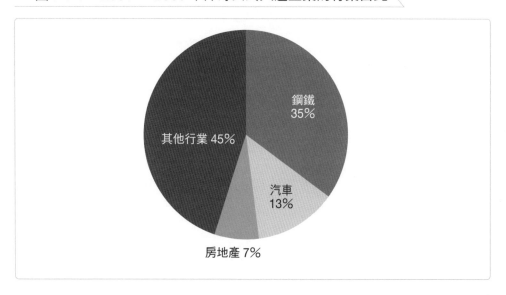

如果在 2005 年買進萬科的股票，到了 2018 年，報酬率將達到 17.8 倍，如表 4-2（見 104 頁）所示。

　　雖然受到美國科技泡沫破裂的影響，A 股從 2001 年開始經歷 5 年熊市，但由於 2002 年成功加入 WTO 世貿組織，並受到西部振興、鄉村振興等基礎建設政策刺激，中國從 2003 年開始，GDP 成長率已超過 10%，如圖 4-5（見 104 頁）所示。農村勞動力大量流入城市，地方政府的土地有效出讓，都成為中國黃金十年的沉沒成本，也為未來 10 年的房地產和股市牛市奠定基礎。

表4-2 ▶ 萬科14年股價複權報酬率統計

	2005 年 1 月後複權	2018 年 12 月後複權	總報酬率
萬科 A	193.45	3,638.44	17.8 倍

圖4-5 ▶ 2001 年開始，中國 GDP 的成長加速

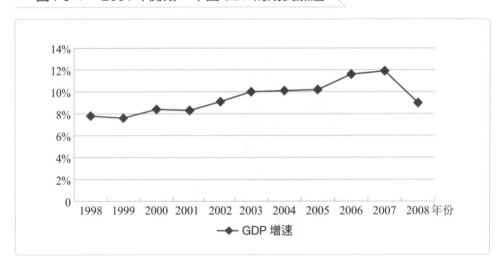

圖 4-6 是從 2001 年開始，神奇公式組合的平均本益比。由於企業業績改善，自從 2004 年，5 年平均本益比已經低於 25 年平均本益比。換句話說，市場具備足夠多的「低價」股票，為 2005 年牛市的開啟奠定價格基礎。

針對 2001～2005 年熊市的討論暫時告一段落，表 4-3、表 4-4、表 4-5、表 4-6、表 4-7（見 106、107 頁），是這 5 年入選神奇公式組合的名單。

圖4-6 ▶ 2001 年開始，神奇公式組合的本益比逐年下降

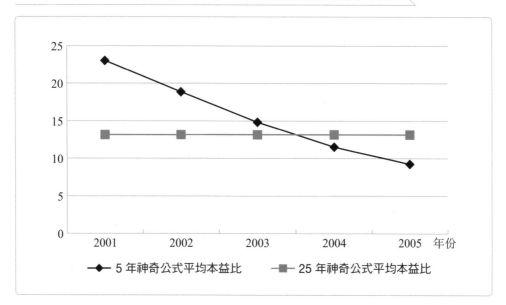

表4-3 ▶ 2001 年入選神奇公式的 20 檔股票

股票代碼	股票簡稱	股票代碼	股票簡稱
000540.SZ	中天城投	000089.SZ	深圳機場
000034.SZ	深信泰豐	000766.SZ	通化金馬
000858.SZ	五糧液	000778.SZ	新興鑄管
600207.SH	安彩高科	600098.SH	廣州發展
600177.SH	雅戈爾	600231.SH	淩鋼股份
600126.SH	杭鋼股份	600282.SH	*ST 南鋼
000651.SZ	格力電器	000751.SZ	鋅業股份
600641.SH	萬業企業	600104.SH	上汽集團
000913.SZ	錢江摩托	600005.SH	武鋼股份
600642.SH	申能股份	600006.SH	東風汽車

表4-4 ▶ 2002年入選神奇公式的20檔股票

股票代碼	股票簡稱	股票代碼	股票簡稱
000619.SZ	海螺型材	000089.SZ	深圳機場
000402.SZ	金融街	600098.SH	廣州發展
600658.SH	電子城	000937.SZ	冀中能源
000858.SZ	五糧液	600742.SH	一汽富維
000778.SZ	新興鑄管	600005.SH	武鋼股份
600006.SH	東風汽車	600642.SH	申能股份
600177.SH	雅戈爾	000039.SZ	中集集團
000651.SZ	格力電器	600569.SH	安陽鋼鐵
600690.SH	青島海爾	600231.SH	淩鋼股份
600126.SH	杭鋼股份	600282.SH	*ST 南鋼

表4-5 ▶ 2003年入選神奇公式的20檔股票

股票代碼	股票簡稱	股票代碼	股票簡稱
600057.SH	象嶼股份	600231.SH	淩鋼股份
000037.SZ	深南電 A	000680.SZ	山推股份
000625.SZ	長安汽車	600177.SH	雅戈爾
000088.SZ	鹽田港	600104.SH	上汽集團
600130.SH	波導股份	600742.SH	一汽富維
000619.SZ	海螺型材	600569.SH	安陽鋼鐵
000778.SZ	新興鑄管	600005.SH	武鋼股份
000895.SZ	雙匯發展	600282.SH	*ST 南鋼
000651.SZ	格力電器	000402.SZ	金融街
600686.SH	金龍汽車	600098.SH	廣州發展

表4-6　▶　2004 年入選神奇公式的 20 檔股票

股票代碼	股票簡稱	股票代碼	股票簡稱
600271.SH	航太資訊	000778.SZ	新興鑄管
600057.SH	象嶼股份	600569.SH	安陽鋼鐵
000625.SZ	長安汽車	600808.SH	馬鋼股份
600231.SH	淩鋼股份	600019.SH	寶鋼股份
600307.SH	酒鋼宏興	600282.SH	*ST 南鋼
600519.SH	貴州茅臺	600823.SH	世茂股份
600232.SH	金鷹股份	000027.SZ	深圳能源
600130.SH	波導股份	600581.SH	八一鋼鐵
000717.SZ	韶鋼松山	000898.SZ	鞍鋼股份
600126.SH	杭鋼股份	000825.SZ	太鋼不鏽

表4-7　▶　2005 年入選神奇公式的 20 檔股票

股票代碼	股票簡稱	股票代碼	股票簡稱
000008.SZ	寶利來	600307.SH	灑鋼宏興
600647.SH	同達創業	600019.SH	寶鋼股份
600053.SH	中江地產	600126.SH	杭鋼股份
000039.SZ	中集集團	600104.SH	上汽集團
600500.SH	中化國際	000157.SZ	中聯重科
001696.SZ	宗申動力	000625.SZ	長安汽車
000933.SZ	神火股份	600808.SH	馬鋼股份
600005.SH	武鋼股份	600688.SH	上海石化
600231.SH	淩鋼股份	600581.SH	八一鋼鐵
600792.SH	雲煤能源	000778.SZ	新興鑄管

4-2

【股災後的L型底】在Ａ股小反彈賺錢，展現抗跌效果

2008年美國發生次貸危機時，中國已經完全融入全球化經濟體，美國一打噴嚏，可能全世界都要感冒。2008年美國次貸危機之後，中國經濟從加入WTO以來的高速成長宣告結束，進入L型打底的過程，Ａ股也進入長達6年的漫長熊市。

美國次貸危機引爆全球股市風險

2000年到2006年，美國的房價成長迅猛，很多家庭難以支付高昂房價，尤其低收入戶或信用紀錄不良者都無法獲得房貸。此時，美國聯邦政府對貸款公司施加壓力，希望放寬標準，發放更多貸款給低收入戶買房。

對貸款公司來說，增加貸款可以擴大收入，而且在當時的金融大環境裡，相較於房價，市場上的利率一直很低，於是貸款公司在這7年內大量發放次級貸款（注：這是信用評級較差的人提供的貸款，常見特色是利率較高，往往採用可隨著時間大幅上調的浮動利率）。

2006年下半年，很多次級貸款的低利率期到期，於是出現第一批無力償還房貸、被沒收房產的貸款者。貸款公司把沒收的抵押房產放到市場上販售，大量需要賣掉的房子導致房價下跌，如圖4-7所示。

2007年4月2日，新世紀金融公司（New Century Financial）宣告破產。這家美國第二大次貸供應商，2007年初的資產規模還超過17億美元，在短短3個月內，規模縮減到不足5,500萬美元。

圖4-7 ▶ 美國次貸危機時，升息導致房地產價格指數下跌

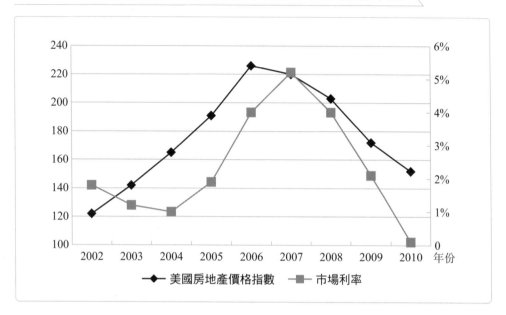

2007 年 8 月，隨著大量次貸形成的壞帳浮出水面，基於這些次貸的證券（即不動產抵押債權證券）也大幅貶值，次貸危機全面爆發。由於金融創新和金融全球化的發展，危機直接從美國的花旗銀行，蔓延到德國的德意志銀行、英國的匯豐銀行、瑞士的瑞銀集團。全球主要金融市場出現嚴重的流動性短缺，這種現象又稱為「信貸緊縮」和「信貸危機」，如圖 4-8（見110 頁）所示。

2008 年，次貸危機進一步惡化，美國第五大投資銀行貝爾斯登（Bear Stearns）的股價，從 77.32 美元跌到 3.2 美元，但是政府不準備出手相救，引發進一步市場恐慌。為了防止金融市場出現災難性暴跌，在財政部和美聯儲的極力撮合下，貝爾斯登以每股 2 美元的跳樓價，賣給摩根大通銀行（J. P. Morgan Chase Bank），而美聯儲為這筆併購案提供大約 300 億美元的擔保。

隨著房地產市場繼續下跌，投資者開始擔心美國房屋抵押貸款的兩大巨頭房利美（Fannie Mae）和房地美（Freddie Mac）陷入困境，「兩房」虧損高達 140 億美元，股價也在過去一年暴跌約 90％。9 月 7 日，美國政府再度

圖4-8 ▶ 美國2007年次貸危機蔓延

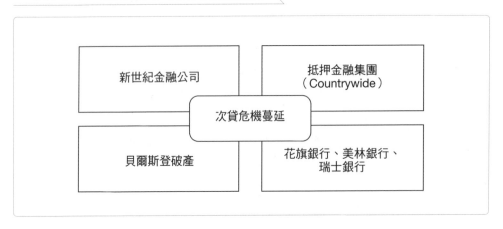

出手，出資 2,000 億美元接管兩房。緊接著，美國第四大投資銀行雷曼兄弟（Lehman Brothers）宣佈破產。美國第三大投資銀行美林公司（Merrill Lynch）被美國銀行（Bank of America）收購。

9 月 17 日，美聯儲被迫對美國國際集團（American International Group）提供高達 850 億美元的緊急貸款，避免該公司陷入破產。9 月 19 日，當時的財政部長亨利‧鮑爾森（Henry Paulson）公布 7,000 億美元的金融救援計畫，就是日後備受爭議的「問題資產紓困計畫」（Troubled Assets Relief Program，簡稱 TARP）。至此，次貸危機使美國前五大投資銀行全軍覆沒。

2008 年之後，次貸危機對世界經濟的影響依然陰魂不散。2011 年，311 日本大地震在影響日本經濟的同時，也鬆動全球經濟的根基。一些國際信用評級機構掀起的海嘯更高更猛，3 月 29 日，標準普爾開出第一炮，調低希臘的主權信用評級，美國信用評級機構也連續對日本和南歐國家的主權信用開火。8 月，標準普爾破天荒地降低美國的主權信用評級，12 月又將歐元區 15 國的主權信用評級列入負面觀察。

國際信用評級機構前所未見的一系列行動，讓根基鬆動的全球經濟劇烈晃動，塵土飛揚，世界經濟陷入一片迷茫中。次貸危機後，希臘危機又引發歐債危機，如圖 4-9 所示。

次貸危機從 2007 年 8 月全面爆發以來，對國際金融秩序造成極大的衝

圖4-9 ▶　次貸危機後，希臘危機引發歐債危機

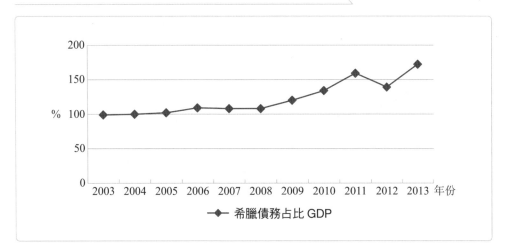

擊和破壞，產生強烈的信貸緊縮效應，暴露出國際金融體系長期累積的系統性風險。這是美國自 1930 年代大蕭條以來，最嚴重的金融危機，而且波及全球金融體系，中國也受到影響。

美國次貸危機影響下的A股6年漫長熊市

中國加入 WTO 後，逐漸進入出口導向型經濟，但受到 2008 年美國次貸危機的影響，出口對中國 GDP 的貢獻從 2007 年的 2.6%，下降到 2008 年的 0.8%。國際資本在發生次貸危機後，紛紛湧入商品期貨市場，因而推動原材料價格，導致中國在 2008 年發生輸入型通貨膨漲（注：因進口輸入品價格上揚，引發國內本土物價持續上漲的現象），當年的 CPI 達到 8.1%，GDP 下降到 8%，如圖 4-10（見 112 頁）所示。

2007 年 10 月，滬指創出歷史高點 6,124 點之後，回撤之路正式展開，2008 年更是一路下跌。次貸危機的蔓延令滬指最低探至 1,664 點，一年內的累計跌幅達 72%，兩市總市值整體縮水 22 萬億元。

2007 年到 2008 年，A 股的跌幅為全球第三。從 2008 年走勢來看，A 股的崩塌程度令人吃驚，當年滬指從 5,265 點開盤，到年末收盤 1,820.81 點，

圖4-10 ▶ 次貸危機後，中國進出口急劇波動

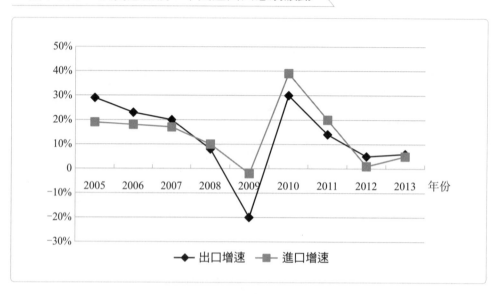

跌幅高達 65.42％，創下 A 股史上最大的年跌幅紀錄，如圖 4-11 所示。

2008 年年末，中國推出 4 萬億元財政政策，再加上降準釋放流動性資金，A 股在 2009 年上半年出現上揚，滬指一度反彈到 3,478 點。但是誰也想不到，這只是 6 年熊市中短暫的一次反彈。2010 年年初，隨著美聯儲實施量化寬鬆貨幣政策，貨幣洪水再次氾濫全球。在這樣的外部經濟環境下，A 股無法承接 2009 年的反彈，之後股指期貨交易開放，短期的爆發上漲並未維持多久，股市再次陷入低谷。

2011 年年初，在日本大海嘯和歐債危機的影響下，雖然中國總體經濟擁有相對較大的安全邊際，但 A 股市場的表現乏善可陳，滬指除了在流動性寬鬆的第一季度出現反彈，一度重返 3,000 點大關之外，從 4 月中旬開始，市場毫無做多的氣力，滬指一路下行，全年暴跌 21.68％。

2012 年的情況雖沒有 2011 年那麼糟糕，但 A 股幾乎重演 2011 年的走勢，只是波動幅度較小，最終於 12 月創出當年最低 1,949 點。2013 年的熊市始於錢荒，期間不斷出現貨幣政策緊縮的訊號，A 股繼續走熊。滬指在 2 月創出新高 2,444.8 點，此後再度下跌，創出低點 1,849 點。

圖4-11 ▶　2008 年之後中國股市的大幅回撤

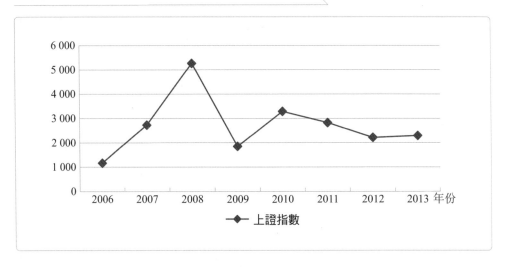

　　為應對 2008 年美國次貸危機帶來的負面影響，中國決定新增 4 萬億元財政政策，投資保障性安居工程、農村民生工程、農村基礎建設，以及醫療衛生、教育文化等社會發展，也包括針對 2008 年汶川地震的災後重建。另外，為應對出口陡降導致的商品積壓，政府提高商品出口退稅率，並將原來針對出口的補貼直接讓利給農民，實行「家電下鄉」等積極政策（注：即政府補貼農民購買空調、電腦、電器等家電產品）。

　　可以看出，在 2008 年到 2013 年，全世界包括中國在內的經濟，都處於動盪和不確定當中，中國政府為了應對不確定性，透過基礎建設、家電下鄉等各種方式刺激經濟。雖然總體上來說，政府的各種逆向調節政策未能挽救這幾年的 A 股，但是高鐵、農村基礎設施等投資，都為後來中國經濟的復甦奠定基礎。

　　在這幾年的 A 股長熊中，神奇公式的表現如何呢？

神奇公式在 6 年長熊中的表現

　　在這輪長達 6 年的熊市中，神奇公式與上證指數的報酬率表現，如表 4-8

表4-8 ▶ 2008年後的6年熊市中，神奇公式與上證指數的報酬率對比

年收益對比	2008年	2009年	2010年	2011年	2012年	2013年	年化報酬率
神奇公式	-60.21%	122.20%	35.51%	-26.20%	71.91%	6.90%	8.43%
上證指數	-64.88%	79.98%	-14.31%	-21.68%	3.17%	-6.75%	-13.87%

（見114頁）所示。

　　雖然2009年上證指數反彈80％左右，2012年上證指數的報酬率也有3.17％，但是這兩年的正報酬，只是6年長熊的兩個反彈而已。即使在這兩年中，創新低的股票仍然比比皆是，因此我們把這6年當成一個整體熊市來分析。

　　在本輪熊市中，上證指數的年化報酬率為-13.87％，明顯低於2001年科技股泡沫熊市的10.95％。但是，與科技股泡沫熊市不同，在本輪的6年熊市中，神奇公式的報酬率明顯比上證指數更好。

　　另外，單單從指數跌幅來看，這6年熊市的總跌幅高達60％，也就是說，如果在2008年買進10萬元上證指數相關的基金，6年後，這筆錢很可能只剩下4萬元。相較之下，這一輪神奇公式的表現格外亮眼，如果在2008年用神奇公式的方法，以10萬元買進20檔股票，到2013年，這筆錢不僅不會虧損，還會增加為16萬元，年化報酬率可達8.43％，大大高於當年的存款利率。

　　神奇公式遠遠跑贏上證指數的原因，主要是在2009年、2010年、2012年這3個A股小反彈期間，神奇公式不僅取得獲利，而且幅度遠遠超過上證指數。接下來，我們分析這3個年份的神奇公式選股情況。

長熊中的小反彈一：2009～2010年

　　2009年和2010年屬於這輪熊市的第一個反彈。神奇公式之所以能大幅跑贏上證指數，肯定是選中某些報酬率高的股票。這兩年入選神奇公式投資組合的企業名單，如表4-9、表4-10所示，行業占比如圖4-12（見116頁）所示。

表4-9 ▶ 2009年入選神奇公式的20檔股票

股票代碼	股票簡稱	股票代碼	股票簡稱
000638.SZ	萬方發展	600428.SH	中遠航運
000983.SZ	西山煤電	601001.SH	大同煤業
600771.SH	廣譽遠	601666.SH	平煤股份
000529.SZ	廣弘控股	000655.SZ	金嶺礦業
600596.SH	新安股份	600123.SH	蘭花科創
600745.SH	中茵股份	600508.SH	上海能源
002001.SZ	新和成	600050.SH	中國聯通
600216.SH	浙江醫藥	600150.SH	中國船舶
601699.SH	潞安環能	600026.SH	中海發展
000937.SZ	冀中能源	000836.SZ	鑫茂科技

表4-10 ▶ 2010年入選神奇公式的20檔股票

股票代碼	股票簡稱	股票代碼	股票簡稱
000425.SZ	徐工機械	002001.SZ	新和成
000550.SZ	江鈴汽車	000683.SZ	遠興能源
000732.SZ	泰禾集團	000935.SZ	四川雙馬
000517.SZ	榮安地產	600647.SH	同達創業
600216.SH	浙江醫藥	000748.SZ	長城資訊
600366.SH	寧波韻升	600742.SH	一汽富維
002028.SZ	思源電氣	600870.SH	廈華電子
000918.SZ	嘉凱城	000338.SZ	濰柴動力
600862.SH	南通科技	000615.SZ	湖北金環
600196.SH	複星醫藥	000565.SZ	渝三峽 A

圖4-12 ▶ 2009～2010年神奇公式入選企業的行業占比

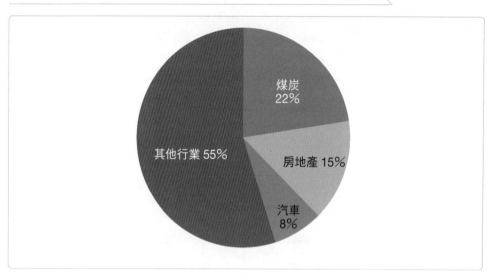

圖4-13 ▶ 2008年4萬億元財政政策的分配情況

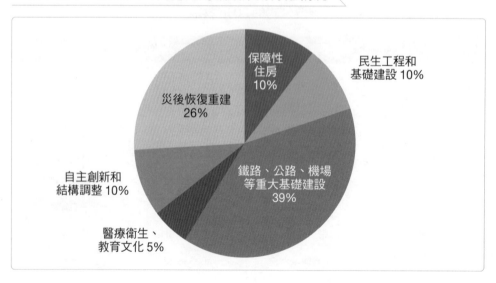

表4-11 ▶　煤炭、房地產、汽車行業在第一輪小反彈的收益表現

行業	股票數量	2009～2010年總報酬率	年化報酬率
煤炭	9	108.53%	44.41%
房地產	6	225.96%	80.54%
汽車	3	43.90%	43.90%
其他	22	131.08%	52.01%
神奇公式	40	201.10%	73.52%
上證指數	–	54.22%	24.19%

　　從圖 4-12 可以看到，在 2009 年、2010 年入選神奇公式的行業中，煤炭能源的占比最高，達到 22％，房地產和汽車的占比總合也達到 23％，表示神奇公式在這兩年選中大量的煤炭、房地產、汽車企業，並且得到不錯的收益。這反映出當年為了應對 2008 年美國次貸危機，中國透過基礎建設、房地產、家電下鄉等方式刺激經濟，為這些行業帶來不錯的收益，如圖 4-13 所示。

　　另外，從表 4-11 可以看出，煤炭、房地產、汽車這 3 個行業的報酬率，都高於上證指數的報酬率。

長熊中的小反彈二：2012年

　　自 2008 年危機以來，在 4 萬億元財政政策刺激下，央行資產負債表快速擴表（注：意指資產負債表的規模擴大增加，往往是由積極寬鬆的貨幣政策所致）、國內社會融資規模（注：一定時期內實體經濟從金融體系獲得的資金總額，包括人民幣貸款、外幣貸款、信託貸款、金融機構持有的企業債券等）迅速擴張，形成以人民幣貸款規模的放量支撐社會融資總額，促使企業及政府部門加槓桿的機制（也就是以債務擴張拉動經濟），最終導致國內債務規模直線攀升。

　　央行資產負債表擴表情況，如圖 4-14（見 118 頁）所示。同比 M2 貨幣

圖4-14 ▶ 2008年以來GDP增速與M2增速對比

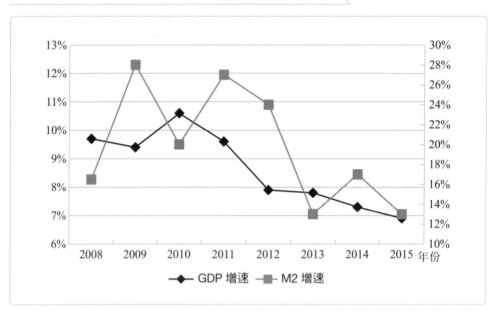

圖4-15 ▶ 社會融資規模在2008年後,增加一倍以上

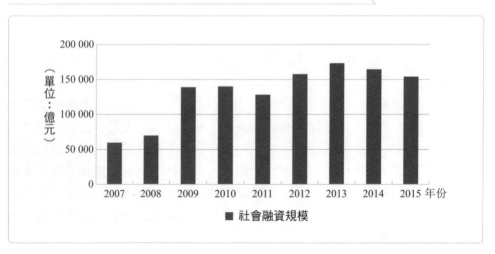

供給量的增幅，是 GDP 增幅的 2.2 倍。

為了維持債務，6 年間，社會融資規模高速增加，增幅接近 200％，如圖 4-15 所示。2008 年的規模僅為 7 萬億元，2009～2012 年總量翻了大約一倍，平均接近 14 萬億元。到了 2012 年，社會融資規模高達 15.32 萬億元，一方面造成房地產泡沫越來越嚴重，另一方面也使資金逐步進入新興的創業板。換言之，貨幣和社會融資規模的迅速擴張，成為 2012 年之後創業板及房地產牛市的導因。

2012 年入選神奇公式的 20 檔股票，如表 4-12 所示，行業占比最多的是房地產企業（4 家），可看出政府為了因應 2008 年美國次貸危機，M2 和社會融資規模造成房地產泡沫化，因此房地產企業獲得較好的業績。

表 4-13（見 120 頁）是 2012 年入選神奇公式的 20 檔股票，依行業分類後的報酬率統計。除了化工行業的 -29.20％ 報酬率不理想之外，其餘行業都跑贏上證指數，而且房地產表現最優，報酬率達到 58.03％。

在這一輪熊市的 2008 年、2011 年、2013 年，神奇公式的表現基本與上

表4-12 ▶　2012 年入選神奇公式的 20 檔股票

股票代碼	股票簡稱	股票代碼	股票簡稱
600111.SH	包鋼稀土	600970.SH	中材國際
000048.SZ	康達爾	600693.SH	東百集團
600771.SH	廣譽遠	000550.SZ	江鈴汽車
000587.SZ	金葉珠寶	600525.SH	長園集團
000156.SZ	華數傳媒	000623.SZ	吉林敖東
600340.SH	華夏幸福	600216.SH	浙江醫藥
000809.SZ	鐵嶺新城	600060.SH	海信電器
600160.SH	巨化股份	000703.SZ	恒逸石化
600636.SH	三愛富	600739.SH	遼寧成大
600094.SH	大名城	000863.SZ	三湘股份

表4-13 ▶ 2012年神奇公式入選股票，按照行業分類的報酬率統計

行業	股票數量	2012 年報酬率
房地產	4	58.03%
醫藥生物	3	18.10%
化工	3	-29.20%
其他	9	9.11%
神奇公式	20	71.91%
上證指數	–	3.17%

證指數持平，雖然躲開一些暴雷的題材股，但無法獲得更好的收益。礙於篇幅關係，不再詳細分析。

6年的連續L型底熊市告訴我們，長期持有是使用神奇公式的最佳策略。我們無法預知牛市何時來臨，只要在熊市期間保持與上證指數一致，就能在下一輪的反彈中跑贏大盤。

4-3

【全球化逆風】至少能與大盤持平，是因為瞄準哪些類股？

2018 年 3 月 22 日，美國白宮正式簽署對華貿易備忘錄，宣布可能針對從中國進口的 600 億美元商品加徵關稅，並限制中國企業對美投資併購。

美國貿易代表辦公室依據 301 調查（即美國依據「301 條款」進行的調查，主要目的是保護美國在國際貿易中的權利，對於其他被認為貿易做法不合理、不公平的國家進行報復）結果，公布擬加徵 25％ 關稅的中國商品清單，涉及每年從中國進口的 1,300 種、價值約 500 億美元，主要包括資訊與通訊技術、航太航空、機器人、醫藥、機械等行業的商品。

中美兩國在經歷 20 年的蜜月期之後，在 2018 年進入新的歷史階段。2018 年年初，A 股開盤為 3,314.03 點，隨著中美關係的逐步不明朗，從 1 月的 3,587.03 最高點一直跌到 12 月的 2,493.90 最低點，從年初到年末的跌幅高達 30.49％，整年度跌幅達 21.33％，是 1994 年以來 A 股的第三大年跌幅（僅次於 2008 年和 2011 年）。

2018 年到 2019 年，神奇公式的報酬率基本上與上證指數一致，如表 4-14（見 122 頁）所示。這兩年神奇公式入選企業的行業占比，如圖 4-16（見 122 頁）所示。

可以看到，2018～2019 年神奇公式選出最多化工股、鋼鐵股和房地產股。化工股的入選與 2017 年的供給面改革有關，透過重組並關閉一批化工企業，有效改變化工業產能過剩的狀況，讓剩餘企業的業績從 2018 年開始轉好，因此入選神奇公式的投資組合。

房地產股和鋼鐵股的入選，與 2017 年的房地產投資增加有關，然而房

表4-14 ▶ 2018年、2019年神奇公式和上證指數的報酬率對比

年份	2005 年	2006 年
神奇公式	-30.86%	19.84%
上證指數	-21.33%	20.34%

圖4-16 ▶ 2018～2019年神奇公式入選企業的行業占比

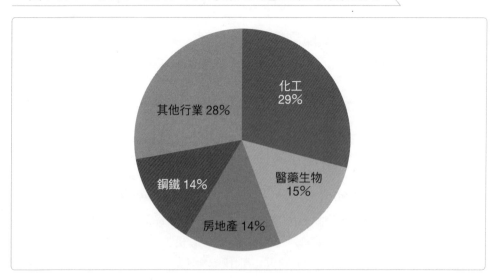

地產的開工和竣工面積,從 2018 年出現「剪刀差」交叉,未來能否持續維持高業績,仍存在極大的不確定性,如圖 4-17 所示。

　　至於未來幾年,如果 A 股出現反彈,神奇公式選出來的優質低價股票可以跑贏大盤。2020 年入選股票如表 4-15 所示,行業占比如圖 4-18(見 124 頁)所示。

圖4-17 ▶ 2018年，房地產施工面積和竣工面積出現剪刀差

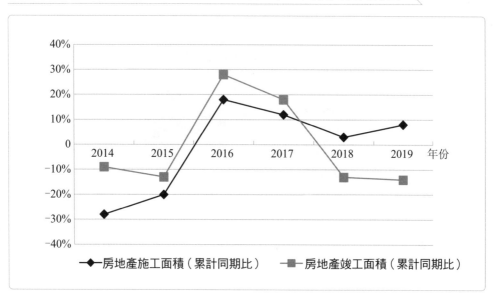

房地產施工面積（累計同期比）　　房地產竣工面積（累計同期比）

表4-15 ▶ 2020年入選神奇公式的20檔股票

股票代碼	股票簡稱	股票代碼	股票簡稱
300198.SZ	納川股份	300146.SZ	湯臣倍健
600273.SH	嘉化能源	000789.SZ	萬年青
300702.SZ	天宇股份	002749.SZ	國光股份
002299.SZ	聖農發展	002832.SZ	比音勒芬
300236.SZ	上海新陽	000708.SZ	中信特鋼
300016.SZ	北陸藥業	600801.SH	華新水泥
002803.SZ	吉宏股份	002860.SZ	星帥爾
002234.SZ	民和股份	600585.SH	海螺水泥
002262.SZ	恩華藥業	300761.SZ	立華股份
000848.SZ	承德露露	000672.SZ	上峰水泥

圖4-18 ▶ 2020年神奇公式入選企業的行業占比

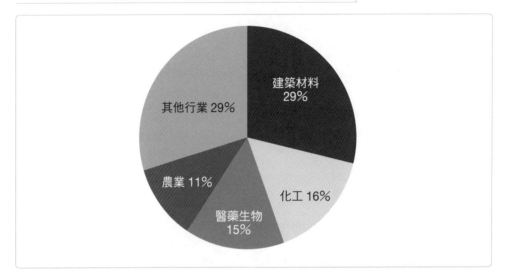

可以看出，2020年神奇公式選出的股票，仍是以化工股和建造材料股為大宗。化工業的業績持續改善，一樣是得益於2017年的供給面改革。在房地產企業存在極大不確定性的情況下，建築材料業的業績依然亮眼，主要是得益於政府祭出反景氣循環措施（counter-cyclical measures），將財政支出大量投入農村的基礎建設。

本章小結

　　本章回顧在 A 股 25 年間，神奇公式在 3 輪熊市階段的表現，得出以下結論：

▶ A 股確實有牛短熊長的特點，每一輪熊市週期都非常漫長。

▶ 在這幾輪熊市中，神奇公式大致上只能與上證指數持平，並沒有令人驚豔的表現。

▶ 在每一輪熊市中，政府都為了反景氣循環推出各種貨幣政策，並投資基礎建設，為下一輪經濟成長奠定基礎。神奇公式也在熊市中選出各種反景氣循環企業，因此能在 A 股反彈和下一輪牛市中，獲得不錯的成績。

　　經過第 3 章、第 4 章針對 A 股過去 25 年的詳細分析，讀者應該更深刻地了解和認可神奇公式在 A 股的應用效果。在接下來的第 5 章，我們將詳細講解如何使用神奇公式，以及需要注意的事項。

在第2章，我們介紹神奇公式的使用方法，但並未描述具體細節，例如：選股要採用哪一種指標更合適？為什麼要每年分散持倉 20 檔股票？能不能直接按照神奇公式的選股原則，精選個股進行投資？

在本章中，我們將逐一解答和分析這些問題。

第5章

實際應用神奇公式，
你必須注意4件事

5-1

有些財報數據不易取得時，
替代版的選股指標是……

我們在第 1 章指出，神奇公式的原則是選擇優質低價的股票，而對於「優質」和「低價」的概念，提出投資報酬率高、盈餘殖利率高的原則。但是，前文並未提及，如何定義投資報酬率和盈餘殖利率這 2 個指標。

葛林布雷在《打敗大盤的獲利公式》中，是這樣定義的：

• **資本報酬率**：息稅前利潤與占用的有形資本的比值。資本報酬率＝EBIT（息稅前利潤）／（淨流動資本＋淨固定資產）

• **盈餘殖利率**：息稅前利潤與企業價值的比值。盈餘殖利率＝ EBIT ／EV（企業價值）＝ EBIT ／（股票市值＋有息債務）

葛林布雷在書中明確指出，不能使用股東權益報酬率（ROE）、資產報酬率（ROA），來取代資本報酬率，原因是如果使用這兩個指標，要考慮公司的負債結構，收益資料也要做一定的調整，才能反映企業真實的獲利情況（退稅、補貼等非經常損益）。

但是，從 A 股上市公司的財報數據，獲取 EBIT 等資料比較困難，尤其是做資料回測時，蒐集所有的歷史 EBIT 資料是十分龐大的工作量，因此在本書的所有回測資料中，我們採用 ROA 取代資本報酬率，本益比（PE）取代盈餘殖利率，而且並未調整公司的收益資料。

從實際效果來看，回測還是相當理想，甚至在期望值以上。接下來，我們就這 ROA 和 PE 兩個指標，做詳細的解釋和分析。

資產報酬率和股東權益報酬率

一般的 A 股軟體都可以取得 ROA 和 ROE 資料，既然不需要用資本報酬率來反映企業獲利能力，那麼神奇公式投資法更合適採用 ROA 還是 ROE 呢？

先來看這兩個指標各自的定義：

- 股東權益報酬率（ROE）＝淨利潤／所有者權益
- 資產報酬率（ROA）＝淨利潤／資產總額（Total Assets）

光看公式可能還是很難理解，以下用第 1 章提到的南瓜西餐廳為例，來說明這兩個指標的定義。假設有兩家南瓜西餐廳，一家叫南瓜西餐廳 A 店，一家叫南瓜西餐廳 B 店，我們將兩家店的投入資金、負債、獲利情況，簡化如表 5-1 所示。

（1）假設南瓜 A 店和 B 店的年淨收入相同，一年下來兩家店都賺進 20 萬元利潤。

（2）假設兩家店都透過股東募資的方式，投入 100 萬元資金，這裡的資金為自有資金。

（3）A 店固定投資需要的貸款較少，負債只有 5 萬元，而 B 店需要比較多固定投資，負債為 50 萬元。

表5-1 ▶ 南瓜西餐廳A店和B店的投入資金、負債、獲利情況

南瓜西餐廳集團	A 店	B 店
總投資（萬元）	100	100
負債（萬元）	5	50
淨收入（萬元）	20	20
股東權益報酬率（ROE）	20%	20%
資產報酬率（ROA）	19.04%	13.33%

如果僅從 ROE 評判兩家店的獲利能力，由於分母是所有者權益，不包括負債，因此兩家企業的 ROE 均為 20%。但如果計算兩家店的 ROA，由於分母包括所有者權益和負債，因此南瓜 A 店的 ROA（19.04%）比 B 店（13.33%）更高。

回過頭來看神奇公式要求的 EBIT ／（淨流動資本＋淨固定資產），會發現實際上，ROA 比 ROE 更能反映一家公司的獲利能力，因為在同樣的資本投入下，如果一家公司是從借貸獲得高報酬率，背後會隱藏高風險。

在同等的報酬率條件下，理論上，一家不開槓桿的公司比槓桿高的公司更優秀。可能會有人說，適度運用槓桿可以增加股東收益，但這個適度是多少，實在很難定義。再說，運用槓桿會有利息費用或周轉風險等缺點。因此，我們建議用 ROA 作為評價一家公司獲利能力的標準，因為 ROA 只看公司能用資產賺多少錢，不會把企業負債作為加分或扣分項。

另外，若使用 ROA 作為衡量獲利能力的指標，企業提高 ROA 的方法只有兩個：一是提高獲利，二是減少資產。對企業來說，提高獲利當然是好事，減少資產則代表公司不需要過多的資金來擴展，把多餘的資產退回給股東（減資或發放現金股利）也能維持一樣的獲利。對股東來說，不但可以拿回一些資金用於其他投資，而且公司賺的錢也沒有變少，更能反映一家公司的經營狀況優秀。

綜合以上所述，ROE 和 ROA 都能用來衡量公司的獲利能力，但是 ROE 高的公司可能負債也高，用 ROE 無法反映一家公司的槓桿風險。因此，我們建議使用神奇公式時，以 ROA 作為衡量公司獲利能力的指標。

本益比和股價淨值比

神奇公式使用的盈餘殖利率是指 EBIT ／ EV，這項資料在 A 股較難取得，因此需要替代指標。從 EBIT ／ EV 的定義看，使用 PE 指標做替代應該最合適，但有些研究神奇公式的人認為，股價淨值比（Price-to-Book Ratio，簡稱 PB）更符合盈餘殖利率的定義。

先來看這兩個指標各自的定義：

- 本益比（PE）＝股價／每股盈餘
- 股價淨值比（PB）＝股價／每股淨值

　　為了讓讀者更容易理解 PE 和 PB 的含義，以下繼續用南瓜西餐廳的案例做說明。假設南瓜西餐廳 A 店和 B 店的股本、淨資產、獲利情況，如表 5-2 所示。

　　究竟哪個指標更能反映一家公司的盈餘殖利率？我們將投資情況簡化如下。

　　（1）兩家南瓜西餐廳都需要向 100 個股東募集 100 股。

　　（2）兩家餐廳募集到的資金，在一年內全部投入作為餐廳的淨資產（例如用來租店鋪、買桌椅等）。

　　（3）假設一年後，這兩家餐廳均賺到 20 萬元淨利潤。

　　在以上 3 點之外，兩家店有一處不同：A 店一共向 100 位股東募資 100 萬元，即每股股價 1 萬元；B 店由於經營需要，向 100 位原股東募資 200 萬元，即每股股價 2 萬元。

　　我們假設兩家店都把募到的資金全數投入餐廳，轉化為淨資產，所以它

表5-2 ▶　南瓜西餐廳A店和B店的股本、淨資產、獲利情況

南瓜西餐廳集團	A 店	B 店
總股份	100 股	100 股
每股價格（萬元）	1	2
淨收入（萬元）	20	20
淨資產（萬元）	100	200
每股淨資產（萬元）	1	2
每股收益（萬元）	0.2	0.2
本益比（PE）	5	10
股價淨值比（PB）	1	1

們的 PB 都是 1。然而，兩家店的股價不同，所以 A 店的 PE 為 5，B 店的 PE 為 10，也就是說，南瓜 A 店更符合「低價」條件。經過一年，兩家店都賺進 20 萬元，但 B 店股東的投入是 A 店的 2 倍，因此從投資者的角度來看，應該更樂意選擇只需投入 1 萬元，就能賺進相同收益的 A 店。

綜合以上所述，我們建議在使用神奇公式時，以 PE 作為衡量公司資產品質的指標。

5-2

為何要一年換一次持股名單？
淘汰業績無法長紅的公司

　　很多人對神奇公式有一個疑問：「為什麼要一年換一次持倉股票呢？」其實答案很簡單，因為一家公司今年的報酬率高，不等於明年或未來的報酬率都會一樣高。

　　假設我們去年開設一家南瓜西餐廳，經營狀況還不錯，一年下來報酬率有 30%，但是明年也能獲得這麼好的收益嗎？企業的報酬率至少會受到以下因素影響。

（1）市場競爭

　　既然南瓜西餐廳能有 30% 還不錯的報酬率，市場上必定會出現競爭者，例如：有創業者或學校的其他團體，在附近開類似的餐廳。市場供給增多的直接影響是客源減少，明年南瓜西餐廳的報酬率可能會落到 20%、10%，甚至虧損。

（2）一次性收入或支出

　　假設我們分析南瓜西餐廳的收入結構，發現去年之所以能有 30% 的報酬率，是因為賣掉一台古典咖啡機。這種一次性的收入無法持續，所以若一家企業的報酬率很高，要進一步查看實際的收入結構。

（3）負債

　　如果南瓜西餐廳有銀行貸款，未來的營收要支付利息和本金償還，這會

帶來經營壓力，也會影響未來的報酬率。

（4）擴大投資

假設南瓜西餐廳今年經營得還不錯，所以明年準備擴大生意，把隔壁的店面租下來，添加桌椅並加以翻修。這筆資金有一部分來自未來的利潤，因此至少會增加明年報酬率的不確定性。

影響餐廳未來業績的因素還有很多，例如：核心人員離職、學校政策等。從以上例子可以看出，店鋪的經營有階段性，今年經營得好，不代表明年也會好。神奇公式的作用是讓你每年都用合適的價格，購買去年業績不錯的股票，而且每年更換標的，避免企業無法長期維持好業績的問題。

5-3

別將雞蛋都放在一個籃子，
分散持倉避開妖股和黑天鵝

可能會有讀者問：「為什麼要分散持倉到 20～40 檔股票呢？」接下來解釋分散持倉的優點。

避免選出「妖股」

先探討一個問題：神奇公式有沒有可能買中樂視網（300104）？

從 2012 年創業板牛市開始，樂視網就是著名的妖股，如果長期持有，可能會經歷坐雲霄飛車般的心跳加速感，如圖 5-1（見 136 頁）所示。

2012 年，該股走出一輪大牛市，從最低 14.10 元漲到 2015 年的 179.03 元，漲幅超過 10 倍，投資者自然很開心。但是到了 2015 年牛市破滅，公司不斷傳出經營問題和融資困難，股價一路下跌到 2019 年的 1.65 元，市值蒸發 99％以上，甚至有下市風險，投資者不僅美夢破滅，本金也虧得一塌糊塗。

我們後來知道，樂視網是一家不可靠的題材公司，但就怕因為前期的優秀表現，而被選進神奇公式組合中。樂視網 2012～2014 年的報酬率和本益比，如表 5-3（見 137 頁）所示。

可以看出，按照神奇公式的原則，要在 2012～2014 年從 A 股選中樂視網，基本上是不可能的。原因在於，樂視網的 ROE 看上去還不錯，但是 PE 高得離譜。這符合所有的「炒概念」股票的特性，也就是業績一般、股價超高，明顯不符合神奇公式優質低價的選股原則。

而且，對比樂視網的 ROE 和 ROA，我們會發現在這 3 年內，ROA 都比

圖5-1 ▶ 樂視網2012～2015年的股價走勢像坐雲霄飛車

ROE 低很多。ROA 代表包含負債的資產報酬率，若與 ROE 相差過大，說明公司的負債率比較高（當然不完全只受負債影響），有可能是借債來提升業績，要謹慎考慮其業績穩定性。

再進一步假設，如果 2012～2014 年整個 A 股只剩下 3 檔股票：樂視網、網宿科技、光環新網，而我們需要買進其中一檔並持有一段時間的話，根據它們的指標數據，如表 5-3、表 5-4、表 5-5 所示，我們一定會毫不猶豫地買進網宿科技。

原因很簡單，如表 5-4 所示，網宿科技的 ROE 和 ROA 均表現不俗，每年都有成長，而且兩個指標相差不大，表示公司負債情況比樂視網樂觀許多。另外，雖然經歷 2012～2014 年的創業板牛市，網宿科技的 PE 一直保持平穩，並且在 2014 年下降為 31.62 倍，表示公司業績有跟上股價成長，符合優質公司的標準。

至於光環新網，如表 5-5 所示，ROE 和 ROA 都不高，表示公司報酬率不佳（低於當年創業板的平均報酬率）。而且，隨著創業板進入牛市，光環新網的股價一路走高，PE 也一路成長，因此並不符合神奇公式的標準。

以上的例子說明，神奇公式從機制上杜絕選出炒概念的妖股，但事有湊巧，萬一神奇公式還是因為某種原因，選到不可靠的企業股票呢？俗話說：

表5-3 ▶ 樂視網2012～2014年的報酬率和本益比

年份	2012	2013	2014
ROE	11.88	17.93	15.27
ROA	8.13	5.87	1.86
PE	40.45	127.75	74.76

表5-4 ▶ 網宿科技2012～2014年的報酬率和本益比

年份	2012	2013	2014
ROE	12.88	23.61	34.87
ROA	11.67	20.67	20.67
PE	36.14	56	31.62

表5-5 ▶ 光環新網2012～2014年的報酬率和本益比

年份	2012	2013	2014
ROE	4.83	4.4	6.15
ROA	2.93	2.93	5.21
PE	46.96	80.44	114.95

「雞蛋不要放在一個籃子裡」，意思是告訴投資者，不要把全部資金用來買同一檔股票，應該分散持倉才能降低投資風險。

　　然而，分散持倉是否會降低投資組合的整體收益？要回答這個問題，首先必須明白分散風險的「籃子」有兩層含義。

　　（1）籃子的數量要夠多：投資者買進的股票要有一定數量，從而避免

某檔股票出現黑天鵝的風險。

（2）籃子的材質要不同：投資者買進的股票行業要分散，從而避免整個行業出現黑天鵝的風險。

此外，還要注意籃子放置的地點要分散，也就是要跨市場投資，例如：分別投資 A 股、美股、港股，甚至債券和房地產等。我們將在第 7 章討論這種跨市場的分散投資方法。以下先看前兩種分散風險的方法。

避免「單一公司黑天鵝」

「不要全倉買進同一檔股票」，並不是太新鮮的觀點。前文提到，如果全倉買進樂視網的股票，持有到現在已經虧損 99％（2020 年 5 月 14 日，深交所對樂視網做出終止上市決定），只能用欲哭無淚來形容。雖然神奇公式選中樂視網這類公司的機率比較小，但仍須警惕投資單一公司的風險。

來看一個案例：一般認為上市公司債券是風險較低的投資標的，2019年 5 月，有一個寧波人買進中泰證券代銷的 5.5 億元私募產品，投資標的是債券。由於這個人的資金很龐大，所以是專人定制產品，客戶只有他一人。結果，該債券不幸無法兌付，他索要本息無果，於是在 6 月 5 日於北京公開披露這件事。

他最後有沒有把錢追回來，我們不得而知，但是他把所有資金都放在一個籃子裡的做法，犯了沒有分散風險的投資大忌。假設他把 5.5 億元資金合理地配置到股票、債券、房產、海外基金等，那麼遇到黑天鵝的機率就會減少，也不至於血本無歸。

有讀者會問，我們是否可以根據神奇公式的原則，透過研究財報、行業、上市公司說明會等方式，精選出優質低價的公司，然後持有並定期輪換呢？答案是肯定的。

神奇公式的原則，是選擇 20 檔優質低價的公司並定期輪換。使用 PE和 ROA 指標，只是一種操作方法。但問題是，對大多數散戶來說，閱讀財報、參與上市公司說明會的門檻太高。即使是專業的投資機構，也可能會有所誤判。

舉例來說，東阿阿膠（000423）一直被機構視為藍籌白馬股，因為阿膠

是山東特有產品，被稱為「藥中茅台」，企業有一定的行業護城河，而且根據機構預測，阿膠的市場規模每年以10%～20%的速度成長，如圖5-2所示。

　　同時，2008～2018 年這 10 年間，東阿阿膠的營業收入從 16.86 億元成長到 73.38 億元，增加將近 4 倍，淨利潤也從 2.96 億元成長到 20.87 億元，複合成長率達到 21.56％，如圖 5-3（見 140 頁）所示。根據資料，2006 年至 2019 年，東阿阿膠共漲價 19 次，2006 年為 40 元／斤，到 2018 年末已漲至超過 3,000 元／斤，價格成長 75 倍。

　　東阿阿膠的市場前景看似一片光明，但是 2019 年 7 月 15 日公告的財報，卻顯示上半年業績不佳，獲利範圍僅為 1.81 億～2.16 億元，同比下降75％～79％，東阿阿膠的股價也從最高 73 元一路下跌到 31 元，如圖 5-4（見140 頁）所示。

　　對於業績大幅下跌，東阿阿膠認為是市場對阿膠價值的回歸預期逐漸降低，以及下游傳統客戶主動削減庫存所致，但事實是，東阿阿膠這幾年的漲價策略，使阿膠變成高端消費產品，也使公司丟失龐大的下沉市場（注：指

圖5-2 ▶ 中國阿膠市場規模及增速

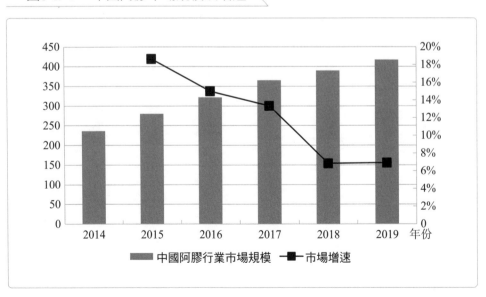

圖5-3 ▶ 　東阿阿膠近10年的營業收入和淨利潤走勢圖

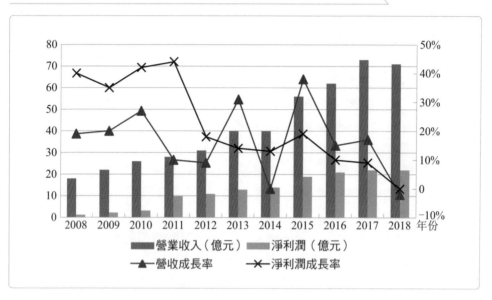

圖5-4 ▶ 　東阿阿膠股價走勢

中國三線以下城市、縣鎮與農村地區的市場）。

近 10 年來，東阿阿膠的阿膠系列產品，毛利率穩步提升，到 2018 年再創歷史新高，達到 74.98％。高價吞噬銷量，獲利能力下滑已成既定事實。在搭上消費升級快車的日子裡，東阿阿膠的規模不斷擴大，賺進金山銀山，但如今消費者回歸理性，漲價已無法帶來更高的利潤，再加上中低端市場早被其他公司占據，降價恐怕搶不到下沉市場，還可能丟失高端市場。

東阿阿膠是一個精選個股失敗的案例，即便投資者能分析出中國的阿膠市場廣闊，而且東阿阿膠的經營體優質良、股價不高，符合優質低價的要求，但由於一般投資者很難判斷公司的策略能否迎合市場，因此還是有可能誤判未來的業績。

神奇公式參考公司去年的 ROA 和 PE 指標，即用上一年的經營狀況作為選股依據，顯然，這種方式也有錯判企業未來業績的風險。一家今年獲利良好的公司，可能會因為經營者的判斷失誤或市場變化而陷入困境，正如東阿阿膠的案例一樣。

由此可見，如果不遵守分散投資的原則，把全部資金都投入一家大眾認可的績優公司，投資者的財產就有腰斬風險。神奇公式用分散持倉的方式，買進 20～40 檔符合條件的股票，能大幅降低風險。

避免「行業黑天鵝」

為了說明分散持倉行業的重要性，以下比較 2013～2017 年的 5 組股票型公募基金。其中，基金 1 的行業集中度最高，即持有同一個行業的公司股票比例最高；基金 5 的行業集中度最低。

我們將從報酬率、波動率、最大回撤等方面，分析行業集中度對股票投資組合的影響。

如圖 5-5（見 142 頁）所示，5 組基金無論行業集中度高低，報酬率都差不多。但是，行業集中度相對偏高的基金 2 報酬率最高，說明集中行業持倉能獲得一段時間較高的收益。

如圖 5-6（見 142 頁）所示，5 組基金無論行業集中度高低，波動率都差不多。但是，行業集中度較高的基金 1 和基金 2，波動率比其他 3 個基金

圖5-5 ▶ 不同行業集中度基金的年化報酬率

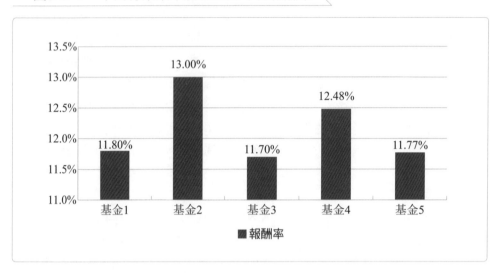

圖5-6 ▶ 不同行業集中度基金的波動率

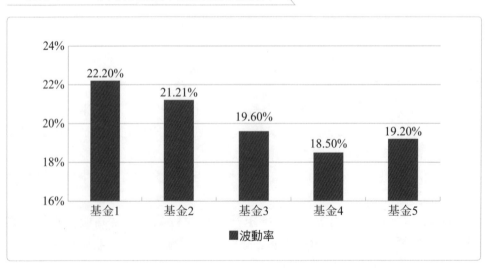

高，說明集中行業持倉會有比較高的波動風險。

最後，如圖 5-7 所示，行業集中度和最大回撤呈現明顯的負相關，說明行業集中度越高的基金，最大回撤越大，而行業集中度較分散的基金，在回撤時表現較好。

總結行業集中度與報酬率、波動率、最大回撤的關係，可以知道雖然行業集中度高的投資組合，能讓你在股市上漲時獲得較高的報酬率，但是分散持倉，特別是分散行業持倉，有利於降低組合的波動性和最大回撤，更能抵抗行業黑天鵝的風險。

所以，請不要獨立選擇個股，我們要承認自己對市場訊息的無力。神奇公式只單純利用上一年的收益情況，不做任何預測，甚至不需要多加思考。對單一公司來說，上一年的收益不能反映未來的業績狀況，但若採用分散持倉，對 20～40 檔股票來說，上一年的收益通常可以當作未來業績的參考。

如果你堅信自己分析上市企業的能力，也可以選擇一種折衷方式：先用神奇公式挑出 50～100 家企業，再靠自己的分析能力，從中挑選 10～20 家優質公司，然後每年用同樣的方式更換持倉。使用該方法 5 年後，再跟神奇公式的報酬率做對比，看看效果是否更好。

圖5-7 ▶ 不同行業集中度基金的最大回撤

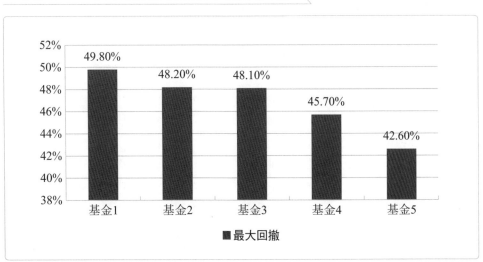

5-4

與其追著趨勢跑，
你實踐價值投資更能穩健獲利

　　股市流傳一套「遛狗理論」：股市中價值和價格的關係，就像遛狗時人和狗的關係。價格有時高於價值，有時低於價值，但遲早會回歸價值，就像遛狗時，狗有時走在人前，有時走在人後，但往往不會離人太遠。

　　投資者有不一樣的偏好，例如：價值投資者喜歡追著人（價值）跑，趨勢投資者喜歡觀察狗（價格）跑的方向，再決定自己的行動。和美國股市相比，中國 A 股最大的特點是狗的牽繩特別長（價格經常遠遠偏離價值），以至於大部分投資者會懷疑，這條維繫價值和價格的繩索是不是早就斷了。

　　舉例來說，2015 年的創業板牛市，整個板塊的本益比曾達到 100 倍，等於創業板裡面所有企業的年利潤都要翻倍，才配得上股票的價格。這就像狗掙脫繩索，離開主人往前狂奔。另一方面，從 2011 年到 2013 年，上證指數的本益比一直徘徊在 10 倍左右，就好像狗一直在主人腳邊來回踱步，如圖 5-8 所示。

　　無論如何，價值和價格之間的關係只會遲到，不會不到。2015 年的股災和 2014 年的牛市都說明，價值和價格之間的繩索一直存在，只是投資者無法確定繩索的長度。

　　中國 A 股還有另一個特徵：股市底部是由價值投資者買出來的。

　　由於 A 股的市場先生經常情緒不穩定，當負面情緒戰勝理性，趨勢投資者會大量拋售股票。這時候，價值投資者和上市公司因為了解企業的價值，會逐步買進這些股票，從而讓股價的底部顯現出來。

　　股票的價值不只是上下浮動的價格，也是真實公司的股東權益，任何人

圖5-8 ▶　近 17 年來上證指數與深證指數的本益比走勢圖

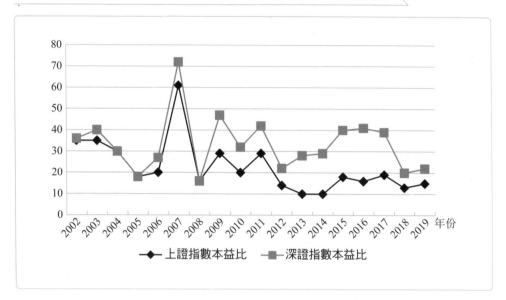

購買一家公司的股份，就擁有該公司一部分的權益。因此，股東權益代表的價值，必然會吸引聰明的價值投資者和上市公司，進場購買價格被低估的股票。不過，公司股票的價格要回歸價值，可能得花費 1 年、5 年甚至 10 年，價值回歸的時間無法確定，投資者需要有足夠的耐心。

　　回到神奇公式，為什麼它能戰勝情緒不穩定的市場先生？原因在於，市場中大部分都是趨勢投資者，相信價值投資和神奇公式投資理念的人仍占少數。假如整個市場的投資者都是理性的，而且大部分都使用價值投資法或神奇公式，那麼神奇公式可能會失效，無法戰勝大盤指數。

信任和堅持的作用

　　葛林布雷在《打敗大盤的獲利公式》中提到，雖然他向很多人介紹神奇公式投資法，但是大多數人都不相信，只有一部分人抱著姑且一試的想法。而且，能堅持神奇公式方法的投資者少之又少，很多人使用一兩年之後，發現沒有效果就放棄。本書對神奇公式做了大量討論，就是希望能加深讀者的

投資信心，長期持有優質低價的公司股票。

　　葛林布雷說：「神奇公式創造了我所見過最好的投資紀錄。」他在書中用美股 17 年的資料進行測試，結果被神奇公式選中的股票，只有 1 ～ 3 年跑不贏市場，這和本書前文的 A 股測試情況類似，也是許多投資者放棄神奇公式方法的原因。

　　事實上，根據葛林布雷的資料回測，如果以一年為時間週期，平均來說，神奇公式每 4 年會出現一次低於市場水準的表現。但是，如果以 3 年為時間週期，神奇公式在 95% 的時間中都能跑贏市場。

　　簡單來說，根據葛林布雷的建議，如果你能堅持遵循神奇公式，用 3 年作為投資的最小時間週期（即至少採用神奇公式持倉 3 年以上），那麼根據過去 17 年的資料，你一定能跑贏市場。

　　要長期使用神奇公式的投資方法並不容易，但是請至少持續執行 3 年以上，如果能持續執行 5 年、10 年、20 年則更佳。「堅持就是勝利」，葛林布雷在書中強調。

本章小結

　　本章用較長的篇幅，講解使用神奇公式需要注意的事項：如何定義資本報酬率和盈餘殖利率；使用 ROA 或 ROE 更合適神奇公式；PE 和 PB 如何反映公司資產品質；為什麼要分散持倉等問題。

　　之所以如此仔細分析細節，目的是讓讀者深刻理解神奇公式的內在邏輯，並希望透過解答這些問題，讓讀者明白價值投資的信念，能長期持續使用神奇公式的方法進行投資。

　　信任和堅持，就是使用神奇公式投資法最不可或缺的要件。

NOTE

從前幾章論述中，我們得出結論，神奇公式不僅如喬爾·葛林布雷所說，在美股的表現可圈可點，應用在 A 股的效果也同樣令人驚喜。如果讀者持續使用神奇公式，就能獲得很理想的投資收益。但是，本書作為深入研究神奇公式的著作，需要繼續探討一個問題：能不能進一步改良神奇公式，讓效果變得更好？

　　在本章，我們將透過不同的思路，嘗試調整神奇公式，並藉由資料回測驗證效果，供讀者參考。

神奇公式還能更厲害？！
驗證6種調整方案

6-1

【預測牛熊】用4種指標預判牛熊再買賣，效果最好的是……

　　最簡單的神奇公式調整方式是：既然 A 股是牛短熊長的市場，我們能否減少持倉時間，選擇在牛市來臨時持有股票，在熊市來臨時賣出股票？

　　想要確認持倉時間的長度，我們需要透過指標來預判牛熊，也就是判斷 A 股正處於哪一種市場狀態。以下是 4 種判斷方式，至於效果如何，接下來將逐一探討。

　　（1）透過神奇公式的平均 PE，判斷市場處於牛市或熊市。

　　（2）透過神奇公式的平均 ROA，判斷市場處於牛市或熊市。

　　（3）透過市場平均 PE 來判斷。

　　（4）透過股市指數來判斷。

用神奇公式平均PE來判斷牛熊

　　本書第 3 章和第 4 章分析了數個 A 股的牛熊週期，從中可以看到，牛市來臨的時候，神奇公式選出的低 PE 股票檔數會明顯減少。因此，透過神奇公式的 PE 來判斷牛熊，似乎是可行的辦法。

　　由於 A 股的特性是牛短熊長，整個股市的 PE 可以多年處於很低的位置，等到牛市情緒一到，便讓 PE 漲到巔峰。A 股過去 25 年的神奇公式平均 PE，如圖 6-1 所示。

　　過去 25 年中，神奇公式選出的股票組合平均 PE 為 13.16，但是有某幾年的 PE 非常高，例如：1998 年和 2001 年，PE 都超過 20。在 2008 年的藍

圖6-1 ▶　神奇公式歷年平均 PE 走勢圖

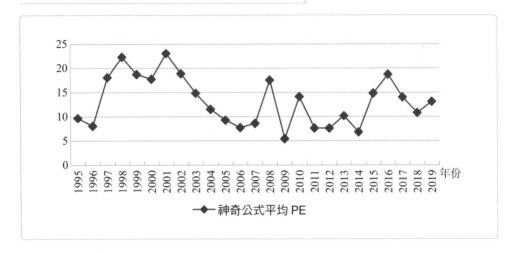

籌股牛市，神奇公式的平均 PE 為 17.531；在 2016 年創業板牛市，神奇公式的平均 PE 為 18.71。由於神奇公式選股時會採用上一年的 PE，因此平均 PE 的數字會比較高。

　　下面，我們當一次馬後炮。大家已經知道 1999 年、2007 年和 2015 年在牛市結束後，股市都陷入一片狼藉，理論上不應該繼續持倉。假設我們的目的是在這些時間點賣出持倉，可以利用 PE 設置出場門檻，例如：當 PE 大於 17，就在下一年賣出所有股票；當 PE 小於 10，再按照神奇公式的選股策略買回股票。

　　這種操作策略是否比原版的神奇公式更好？回測 25 年的持倉情況和報酬率，如表 6-1（見 152 頁）所示。

　　我們原本想在牛市的尾巴離場，並在熊市的尾巴進場，透過取巧的方式獲得較高收益，但是表 6-1 的測試結果顯示，改良後的報酬率其實不如原版神奇公式，效果不如預期。這主要是因為，在熊市週期空倉會錯過持有優質公司的機會，從而在熊市和牛市轉換的期間，錯過優秀公司股價反彈所帶來的報酬率。

　　既然收益不及預期的原因是持倉時間過短，我們要考慮 PE 的門檻設置是否太寬。為了增加持倉時間，可以改用以下操作策略：當 PE 大於 17 就

表6-1 ▶ PE＞17賣出、PE＜10買進的持倉情況和報酬率

年份	持倉操作	神奇公式	上證指數
1995	持倉	2.84%	-13.66%
1996	持倉	277.05%	66.18%
1997	賣出	0	31.29%
1998	空倉	0	-4.67%
1999	空倉	0	19.58%
2000	空倉	0	51.83%
2001	空倉	0	-20.90%
2002	空倉	0	-18.02%
2003	空倉	0	10.76%
2004	空倉	0	-15.55%
2005	買進	-19.79%	-7.70%
2006	持倉	110.10%	134.57%
2007	持倉	267.54%	93.00%
2008	賣出	0	-64.88%
2009	買進	122.20%	79.98%
2010	持倉	35.51	-14.31%
2011	持倉	-26.20%	-21.68%
2012	持倉	71.91%	3.17%
2013	持倉	6.90%	-6.75%
2014	持倉	60.68%	52.87%
2015	持倉	43.51%	9.41%
2016	賣出	0	-12.31%
2017	持倉	26.85%	6.56%
2018	持倉	-30.86%	-21.33%
2019	持倉	19.84%	20.34%
總收益	神奇公式本益比策略	神奇公式	上證指數
	23,770.40%	26,811.84%	499.11%

賣出，當 PE 小於或等於 17 就買進。新策略的持倉和收益情況如表 6-2（見 154 頁）所示。

從表 6-2 可看出，即使放寬 PE 的門檻，增加持倉時間，改良後的神奇公式報酬率依然不如原版的神奇公式。為了進一步確認，我們再測試幾組不同的 PE 參數，結果如表 6-3（見 155 頁）所示。

我們發現，採用 PE 大於 20 作為牛市賣出門檻，是最好的策略，可以跑贏原版神奇公式。原因在於，如果 PE 大於 20，就能在 1998 年和 2001 年選擇賣股，從而避開這兩年的回檔。然而，PE 大於 20 的策略並未避開 2008 年和 2015 年牛市之後的股票暴跌，如果降低 PE 門檻，又會減少持倉時間，從而無法跑贏原版神奇公式。

需要強調的是，以上的實驗是先知道牛市和熊市的轉換時間點，再調整神奇公式的 PE 門檻。因此，雖然調整方案有一定成果，但效果並不明顯和實用。

用神奇公式平均ROA來判斷牛熊

既然可以用神奇公式的 PE 來判斷牛熊，我們自然會聯想到另一個方案：神奇公式的平均 ROA，是否也能作為判斷牛熊的指標？股市走勢和公司的資產報酬率，是否存在某種關係呢？

如表 6-4（見 155 頁）所示，過去 25 年入選神奇公式投資組合的企業，平均 ROA 為 26.13，相較於 1999 年、2007 年及 2015 年這幾個牛市階段，平均 ROA 分別為 17.97、26.16 和 26.31，基本上沒有明顯差別。因此可以得出結論，ROA 與 A 股市場的牛熊沒有明顯關聯，因此無法用來判斷市場狀態。

如圖 6-2（見 156 頁）所示，神奇公式選出的企業平均 ROA，從 2007 年開始明顯有所改善，2007 ～ 2019 年的平均 ROA 為 33.56，高於 25 年的平均 ROA。這間接證明，中國企業自 2007 年開啟「黃金十年」。在黃金十年內，企業的報酬率明顯改善，每年都會出現 ROA 超過 30 的優秀企業和行業龍頭。

表6-2 ▶ PE > 17賣出、PE ≦ 17買進的持倉情況和報酬率

年份	持倉操作	神奇公式	上證指數
1995	持倉	2.84%	-13.66%
1996	持倉	277.05%	66.18%
1997	賣出	0	31.29%
1998	空倉	0	-4.67%
1999	空倉	0	19.58%
2000	空倉	0	51.83%
2001	空倉	0	-20.90%
2002	空倉	0	-18.02%
2003	買進	27.58%	10.76%
2004	持倉	-18.47%	-15.55%
2005	持倉	-19.79%	-7.70%
2006	持倉	110.10%	134.57%
2007	持倉	267.54%	93.00%
2008	賣出	0	-64.88%
2009	買進	122.20%	79.98%
2010	持倉	35.51	-14.31%
2011	持倉	-26.20%	-21.68%
2012	持倉	71.91%	3.17%
2013	持倉	6.90%	-6.75%
2014	持倉	60.68%	52.87%
2015	持倉	43.51%	9.41%
2016	賣出	0	-12.31%
2017	買進	26.85%	6.56%
2018	持倉	-30.86%	-21.33%
2019	持倉	19.84%	20.34%
總收益	神奇公式本益比策略	神奇公式	上證指數
	24,725.01%	26,811.84%	499.11%

表6-3 ▶ 用不同 PE 參數持倉的神奇公式報酬率

參數	報酬率
神奇公式（原版）	26,811.84%
PE 大於 17 賣出，小於 10 買進	23,770.40%
PE 大於 17 賣出，小於或等於 17 買進	24,725.01%
PE 大於 18 賣出，小於或等於 18 買進	15,787.17%
PE 大於 18 賣出，小於 10 買進	10,784.27%
PE 大於 14 賣出，小於 10 買進	13,936.80%
PE 大於 14 賣出，小於或等於 14 買進	7,856.15%
PE 大於 15 賣出，小於 10 買進	18,885.75%
PE 大於 15 賣出，小於或等於 15 買入	20,823.97%
PE 大於 20 賣出，小於 10 買進	16,689.01%
PE 大於 20 賣出，小於或等於 20 買進	31,093.37%
PE 大於 20 賣出，小於 18 買進	27,856.38%

表6-4 ▶ 神奇公式歷年平均 ROA

年份	平均 ROA	年份	平均 ROA
1995	20.19	2008	49.07
1996	18.9	2009	36.82
1997	19.18	2010	33.39
1998	17.72	2011	31.93
1999	17.97	2012	46.15
2000	14.58	2013	35.27
2001	17.52	2014	39.66
2002	14.87	2015	26.31
2003	15.46	2016	25.9
2004	18.32	2017	25.94
2005	23.43	2018	29.09
2006	18.95	2019	30.59
2007	26.16	整體平均 ROA	26.13

圖6-2 ▶ 神奇公式歷年平均ROA走勢圖

用市場平均PE來判斷牛熊

從前文的資料回測會發現，神奇公式的 PE 似乎不能反映市場牛熊。因此，我們調整思路，嘗試改用整個市場的平均 PE 來判斷牛熊，並作為神奇公式的操作策略。

如表 6-5 所示，A 股 25 年來的平均 PE 為 32.77，整體上估值偏高，主要原因是深證的平均 PE 一直高於上證。另外，A 股的整體市場規模並不大（50 萬億元左右），上市公司數量不多（3,000 家左右），企業稀缺導致市場一直處於高估值狀態。

雖然葛拉漢等美國投資大師認為，整體平均 PE 大於 20 的市場，就是被高估的市場，但這種標準在 A 股市場顯然不適用。

我們已知 1997 年、2000 年、2008 年和 2015 年是牛市頂點，從馬後炮的角度來看，應該賣出股票。參照表 6-5 的資料，1997 年平均 PE 為 59.64，2000 年為 58.42，2008 年為 55.07，2015 年為 26.31。在幾輪牛市頂點，除了 2015 年之外，平均 PE 都大於 50，因此我們可以把 PE 大於 50 作為判斷牛市的基準，測試結果如表 6-6 所示。

表6-5 ▶　A股25年平均PE（包含上證和深證）

年份	1995	1996	1997	1998	1999	2000	2001
平均 PE	18.97	19.44	59.64	46.27	38.09	58.42	63.01
年份	2002	2003	2004	2005	2006	2007	2008
平均 PE	35.11	38.92	38.91	23.43	18.95	38.54	55.07
年份	2009	2010	2011	2012	2013	2014	2015
平均 PE	18.82	33.39	32.93	17.01	17.37	19.57	26.31
年份	2016	2017	2018	2019			
平均 PE	25.99	31.54	27.09	16.44			
25 年平均 PE	32.77						

表6-6 ▶　用市場平均PE持倉的神奇公式報酬率

參數	報酬率
神奇公式（原版）	26,811.84%
PE 大於 50 賣出，小於或等於 50 買進	30,414.73%
PE 大於 50 賣出，小於 30 買進	25,065.88%
PE 大於 50 賣出，小於 40 買進	29,102.22%
PE 大於 40 賣出，小於或等於 40 買進	29,102.22%
PE 大於 40 賣出，小於 30 買進	41,942.74%

從回測結果來看，以市場平均 PE 作為判斷牛熊的指標，效果比較明顯。若在 A 股平均 PE 大於 50 的時候賣出股票，然後在 PE 小於 50 的時候用神奇公式原則買股持倉，25 年後的總報酬率將在 304 倍左右，跑贏原版的神奇公式。

我們測試其他幾組參數，如表 6-6 所示。可以發現，使用 A 股平均 PE 作為判斷牛熊的依據，跑贏神奇公式的機會比較高。特別是「PE 大於 40 賣出，PE 小於 30 買進」的策略，因為完美避開 2000 年前後的大熊市，25 年後的報酬率達到 419 倍，效果明顯。

簡而言之，用 A 股平均 PE 作為判斷牛熊的依據，再使用神奇公式選股持倉，可以明顯改善神奇公式的報酬率。

用股價指數來判斷牛熊

還有一種更簡單的方法可以判斷市場狀態：運用上證指數的點位。大部分 A 股散戶認同：2,000 點是牛熊的分界線，如果在 2,000 點左右買進股票，在 4,000 點左右賣出，就穩賺不賠。下面我們來看看，用股指點位判斷牛熊，是否能有效改良神奇公式。

神奇公式每年都要更換一次持倉，而上證指數的點位在一年之中波動不定。假設每年更換持倉的時間，是在大部分公司公布年報的 6 月 1 日，並用這天的上證指數判斷牛熊。A 股過去 25 年來，6 月 1 日的上證指數如表 6-7 所示，平均為 2,225.68 點。

可看到，2007 年和 2015 年，上證指數突破 4,000 點大關。在 1996 年、1999 年這些牛市年份，上證指數的表現並不高，只在 1,000 點左右。2008 年之後，上證指數在 2,000 ～ 3,000 點左右徘徊。我們發現，從 A 股過去 25 年的上證指數統計中，似乎無法找出 2,000 點是牛熊分界的依據，資料統計又一次證明，真理並不掌握在大多數散戶手中。

即使 2,000 點不是牛熊的分界線，我們依然嘗試用股指點位預判市場狀態，並做出不同持倉條件的神奇公式報酬率對比，如表 6-8 所示。

從表 6-8 的結果來看，用股指點位決定持倉時間的效果並不理想。原因很簡單，A 股上證指數的點位是一個動態區間，每隔一段時間就會抬升一定

表6-7 ▶ A股25年上證指數（每年6月1日）

年份	1995	1996	1997	1998	1999	2000	2001
上證指數	700.51	643.65	1,285.18	1,411.21	1,279.33	1,894.55	2,214.26
年份	2002	2003	2004	2005	2006	2007	2008
上證指數	1,515.73	1,576.26	1,555.91	1,060.74	1,641.3	4,109.65	3,433.35
年份	2009	2010	2011	2012	2013	2014	2015
上證指數	2,632.93	2,592.15	2,743.47	2,372.23	2,300.6	2,039.21	4,611.74
年份	2016	2017	2018	2019			
上證指數	2,916.62	3,117.18	3,095.47	2,898.7			
A股25年上證指數平均點位	2,225.68						

表6-8 ▶ 用上證指數持倉的神奇公式報酬率

參數	報酬率
神奇公式（原版）	26,811.84%
上證大於 4000 點賣出，小於等於 4000 點買進	4,748.14%
上證大於 4000 點賣出，小於 3000 點買進	11,933.02%
上證大於 3000 點賣出，小於等於 3000 點買進	13,606.00%

比例。本書第 2 章曾分析，上證指數從 1995 年到 2019 年共上漲 4 倍左右，因此，想用一個固定點位當作牛熊的分界線，似乎並不合理。

　　雖然用上證指數判斷牛熊的方法，在 25 年的長週期中不太有效，我們仍可以做另一個嘗試：能不能依照時間，動態調整牛熊的分界，從而實現預判牛熊的目的？

　　表 6-9 是 A 股 25 年來上證指數出現低點的年份，以及它們的點位。從表中可以看出，A 股大約每 10 年為一個週期，且每個週期的底部會抬升 160％～190％。因此，2018 年的最低 2,440.91 點，很可能也是 A 股上證指數近 10 年來的底部。

　　以下我們依照時間，動態設置進出場的門檻，並用兩組資料進行對比。兩組動態操作策略的測試結果見表 6-10。

　　動態上證指數操作策略 1：
　　（1）2000 年之前，當上證指數大於 1,400 點時，賣出股票。
　　（2）2010 年之前，當上證大於 2,000 點，賣出股票。
　　（3）2020 年之前，當上證大於 3,000 點，賣出股票。

　　動態上證指數操作策略 2：
　　（1）2000 年之前，當上證指數大於 1,000 點時，賣出股票。
　　（2）2005 年之前，當上證大於 1,500 點，賣出股票。
　　（3）2010 年之前，當上證大於 2,000 點，賣出股票。
　　（4）2015 年之前，當上證大於 2,500 點，賣出股票。
　　（5）2020 年之前，當上證大於 3,000 點，賣出股票。

表6-9 ▶ 上證指數 25 年來的指數低點和出現年份

年份	1996	1999	2005	2008	2013	2016	2018
上證指數底部	512.82	1,047.83	998.23	1,664.93	1,849.65	2,638.96	2,440.91

　　從表 6-10 可見，動態操作策略的報酬率並不理想。究其原因，只能歸結於 A 股指數點位的無法預測性，哪怕是 5～10 年的長週期也一樣。當然，以上兩種動態操作策略的基準仍有優化空間，但透過股指點位來預判牛熊的方式，應該很難改善神奇公式的報酬率。

總結預測牛熊改良法的效果

　　從以上 4 種預判牛熊的神奇公式調整方式，我們得出結論：用股市平均 PE 來預判牛熊、選擇買進或賣出的神奇公式操作策略，效果最出色。4 種神奇公式調整方案的報酬率，如表 6-11 所示。

　　用預判牛熊的方式來改良神奇公式，可以達到提高報酬率的效果。但我們不得不承認，我們是預先知道牛市和熊市的時間點，再去定義牛熊分界的指標。我們無法證明這些指標在未來是否有效，只能當作調整方案的參考。

表6-10 ▶　動態上證指數操作策略，與原版神奇公式的報酬率對比

參數	報酬率
神奇公式（原版）	26,811.84%
動態上證指數操作策略 1	3,496.06%
動態上證指數操作策略 2	8,962.09%

表6-11 ▶　4 種神奇公式調整方式的報酬率對比

參數	報酬率
神奇公式（原版）	26,811.84%
用神奇公式平均 PE 來判斷牛熊	31,093.37%
用神奇公式平均 ROA 來判斷牛熊	無效
用市場平均 PE 來判斷牛熊	41,942.74%
用股價指數點位來判斷牛熊	13,606.00%

6-2

【動態持倉】參照市場平均PE，適當規畫資產配置比例

　　是否買進一家公司的股票，除了要看報酬率，還要比較當時整個金融市場的無風險利率（注：risk-free rate，又稱無風險報酬率，是指投資公債等無風險資產所能得到的報酬率）。假如某公司股票的報酬率為4%，而市場無風險利率為5%，即使預期該公司未來能賺錢，也不會考慮現在投資。因為作為理性投資者，與其把錢投入這家公司，還不如直接把錢用來買大額定存、國債等。

　　這帶給我們一個改良神奇公式持倉比例的點子：可以根據市場無風險利率、股市風險狀況，甚至資金運用情況，來決定自己的持倉策略，定期動態調整神奇公式的持倉比例。

　　在本小節中，我們將研究幾種動態持倉方法對神奇公式的改良。

用傻瓜投資法動態持倉

　　為說明動態持倉方法的效果，我們要先介紹華爾街有名的「傻瓜投資法」。本書第2章曾指出：過去5年，美國90%以上的股票基金都落後於相應的指數，而且90%的散戶都虧錢。可以說，你在美國投資股票，還不如直接買美國的指數基金，而且要長期持有才可能戰勝市場。

　　傻瓜投資法是許多華爾街投資人長期使用的方法，基本原理如下：動態調整股票與債券的比例，也就是在無風險收益與股票風險收益之間，選擇一個平衡的持倉方法。

比如說，用壽命作為動態持倉的參數，假定自己的壽命為 100 歲，如果你今年 30 歲，就將 30% 的錢放到債券，其他 70% 放到股市，按每月收支的結餘投入指數基金。如果你今年 40 歲，債券增加到 40%，股市投資減少到 60%，以此類推。

別小看這個傻瓜投資法，它持有的股票其實就是指數基金，如標普 500 指數，而美國主要指數前 30 年的平均成長率為 10%～12%，是美國 90% 以上共同基金都達不到的數字。

同樣地，在中國使用傻瓜投資法，投資的股票標的就是 A 股指數基金，例如：上證 50、滬深 300 等。第 2 章曾指出，中國指數基金的長期報酬率為 7% 左右，而中國的長期無風險利率如表 6-12 所示，我們統一採用一年期的定期存款利率，平均利率在 3.27% 左右。

傻瓜投資法的核心理念，就是在無風險利率與股價指數之間切換持倉。本書以神奇公式作為股價指數之外的另一個選擇，也就是在無風險利率和神奇公式之間切換持倉。

傻瓜投資法有很多動態持倉方式，本小節將採用擇時動態，調整股票和

表6-12 ▶ 中國25年來的無風險利率走勢

年份	1995	1996	1997	1998	1999	2000	2001
一年期存款利率	10.98%	9.18%	5.67%	5.22%	2.55%	2.18%	2.08%
年份	2002	2003	2004	2005	2006	2007	2008
一年期存款利率	1.98%	2.05%	2.25%	2.42%	2.52%	2.75%	3.87%
年份	2009	2010	2011	2012	2013	2014	2015
一年期存款利率	3.00%	2.75%	2.50%	2.25%	2.50%	3.50%	3.25%
年份	2016	2017	2018	2019			
一年期存款利率	1.50%	1.75%	1.50%	1.50%			
25 年平均利率	3.27%						

債券／存款的比例。舉例來說，初始的股票和債券比例為 50:50，當預期股市表現較好時，適當增加股票的持倉比例到 70％，同時降低債券／存款的比例到 30％；當預期股市表現轉差時，適當降低股票持倉比例，同時增加債券／存款的比例，例如調整為 20:80，甚至把股票持倉比例降為 0。

以上就是用傻瓜投資法動態持倉的基本概念，接下來我們要研究用這種方法改良神奇公式的成效。

動態持有指數基金的表現

股市什麼時候算好、什麼時候算不好，有不同的判斷方式，我們礙於篇幅，只選用一種參數來調整持倉比例，那就是在第 6-1 節證明有效的市場平均 PE。

簡單來說，當 A 股整體的 PE 較低時，要適當增加股票的持倉，降低債券／存款的比例；當 A 股整體的 PE 較高時，要適當增加債券／存款的比例，降低股票的持倉。

我們分別測試以下 7 種動態持倉參數，效果如表 6-13 所示。

表6-13 ▶ 7種動態持倉方案的報酬率對比

參數	報酬率
神奇公式（原版）	26,811.84%
動態持倉方案一	5,838.16%
動態持倉方案二	16,788.39%
動態持倉方案三	20,985.48%
動態持倉方案四	1,344.88%
動態持倉方案五	19,921.27%
動態持倉方案六	37,142.63%
動態持倉方案七	38,817.77%

　　方案一：一直保持 50% 的股票持倉、50% 的無風險債券／存款持倉。

　　方案二：正常情況下，50% 的股票持倉、50% 的無風險債券／存款持倉。當市場 PE 大於 40，降低股票持倉到 20%，提升無風險持倉到 80%；當市場 PE 小於 30，降低無風險持倉到 20%，提升股票持倉到 80%。

　　方案三：正常情況下，50% 的股票持倉、50% 的無風險債券／存款持倉。當市場 PE 大於 40，降低股票持倉到 0，提升無風險持倉到 100%；當市場 PE 小於 30，降低無風險持倉到 0，提升股票持倉到 100%。

　　方案四：正常情況下，50% 的股票持倉、50% 的無風險債券／存款持倉。當市場 PE 大於 50，降低股票持倉到 20%，提升無風險持倉到 80%；當市場 PE 小於 30，降低無風險持倉到 20%，提升股票持倉到 80%。

　　方案五：正常情況下，50% 的股票持倉、50% 的無風險債券／存款持倉。當市場 PE 大於 50，降低股票持倉到 0，提升無風險持倉到 100%；當市場 PE 小於 30，降低無風險持倉到 0，提升股票持倉到 100%。

　　方案六：當市場 PE 大於 40，降低股票持倉到 0%，提升無風險持倉到 100%；當市場 PE 小於或等於 40，降低無風險待倉到 0%，提升股票持倉到 100%。

　　方案七：當市場 PE 大於 50，降低股票持倉到 0%，提升無風險持倉到 100%；當市場 PE 小於或等於 50，降低無風險持倉到 0%，提升股票持倉到 100%。

　　如表 6-13 所示，在 7 組參數中，動態持倉方案六和方案七最終可以跑贏原版的神奇公式。其他方案的表現不佳，主要是因為長期半倉持有無風險的債券或存款。半倉持有債券／存款的策略，雖然在股市不理想的情況下能發揮保本作用，但是在股市比較理想的情況下，也會喪失積極投資的機會。

　　比如說，如果使用動態持倉方案一，實際上相當於永遠把 50% 資金放置在無風險的債券／存款中，把另外 50% 資金放置在股市，並透過神奇公式的方式進行投資，這個策略肯定無法跑贏原版的神奇公式。當然，半倉持有債券／存款的策略，長期報酬率還是比上證指數的表現優越不少。

　　再來看跑贏原版神奇公式的方案六和方案七。實際上，這兩種參數相當於要求我們長期全倉投資股市，當股市 PE 過高時，再把全部的錢放入無風險投資中。這樣的動態持倉方法，與第 6-1 節用市場平均 PE 判斷牛熊的操

作方法一致，差別只在於當股市 PE 太高時，我們賣出股票後不是保留現金，而是把現金存入銀行或買進無風險的債券。

　　礙於篇幅，本小節並未討論其他動態持倉方案，希望讀者可以提出自己的調整方案，並進行驗證。

6-3

【定投持倉】藉由定期定額，買進神奇公式的股票組合

　　基金定投有懶人理財之說，緣於華爾街流傳的一句話：「要在市場中準確踩點進場，比在空中接住一把飛刀更難。」但是，如果採取分批買進法，就能克服只選擇一個交易時機點的缺陷。

　　定投的意思就是定期定額，長期定期定額投資，可以抹平基金淨值的高峰和低谷，消除市場波動性。只要選擇的基金整體有成長，投資者就會獲得相對平均的收益，不必再為進場的時機問題苦惱。

　　定期定額很適合有固定薪資收入，但沒有太多時間研究投資方法的一般上班族。將每個月的薪資扣除生活必須開支之後，用剩餘的錢固定投資基金，是不錯的選擇。

　　定期定額最重要的條件是堅持，我們以 2014～2018 年 5 年定期定額買滬深 300 和中證 500 指數基金為例，如表 6-14 所示。結果顯示，定期定額

表6-14 ▶ 2014～2018 年，定期定額買滬深 300 和中證 500 指數基金的報酬率

	總報酬率	年化報酬率	最大回撤
滬深 300 指數	29.66%	5.33%	42.85%
定期定額買滬深 300 指數基金	-5.94%	-1.22%	50.23%
中證 500 指數	8.32%	1.61%	60.26%
定期定額買中證 500 指數基金	-25.41%	-5.69%	65.56%

並不能穿越牛熊，不僅報酬率為負，最大回撤也達到 50% 和 60% 以上。

基金標的是影響定期定額最終成效的重要因素之一。在美國股市，被動型基金的表現優於 90% 以上的主動型基金。在中國，雖然主動型基金整體表現優於被動型基金，但正如第 2 章所分析，選擇主動型基金是一件很困難且有門檻的工作，因此建議一般投資者選擇被動型基金。以下將分析、比較定期定額買指數基金和神奇公式組合的成果。

定期定額收益的評估方法

進入分析之前，先說明統計定期定額收益的方式。假設你每個月拿 1,000 元投資圖 6-3 的基金 B（縱軸代表基金 B 的淨值），共投入 5,000 元。

第一次，$1,000 / 1 = 1,000C$ 份）。

第二次，$1,000 / 0.7 = 1,429$（份）。

第三次，$1,000 / 0.5 = 2,000$（份）。

第四次，$1,000 / 0.6 = 1,667$（份）。

第五次，$1,000 / 1 = 1,000$（份）。

共獲得總份額 = 6,096（份），平均單位成本是 $5,000 / 6,096 = 0.820$（元／份）。基金 B 在 5 個週期內，開始和最後的淨值都是 1，看似沒有漲也沒有跌，但由於定期定額分攤成本，因此投入的 5,000 元變成 6,096 元，總報酬率為 21.92%。

然而，如果將 5,000 元分成 5 筆，定期投資圖 6-3 的基金 A，雖然淨值從 1 漲到 1.4，但單位成本越來越高，因此最終只獲得 4,207 份，總報酬率只有 17.81%。

可見，定期定額可以抹平基金的淨值走勢，即使基金長期不漲，也可能獲取較理想的報酬率。

與定期定額神奇公式的成果比較

透過圖 6-3 的基金例子，我們得知即使在多年不漲的股市，透過定期定額方式同樣能獲利。那麼，如果定期定額買神奇公式組合，是否也能獲得不

錯的報酬率呢？

從表 6-15 的回測結果可以看出，如果長期定期定額買滬深 300 指數基金（年化報酬率僅 6%），報酬率可以達到 14% 左右，優於一直持有。若改買神奇公式組合，由於後 10 年報酬率不如前 10 年高，因此總報酬率組合不如原版神奇公式投資法，但是年化報酬率也超過 20%。

對於一般的上班族，若要每月或每年定期撥出一筆閒置資金，進行儲蓄投資，定期定額買神奇公式組合是非常適合的方式。

圖6-3 ▶　不同淨值走勢的基金，對定期定額成果有決定性影響

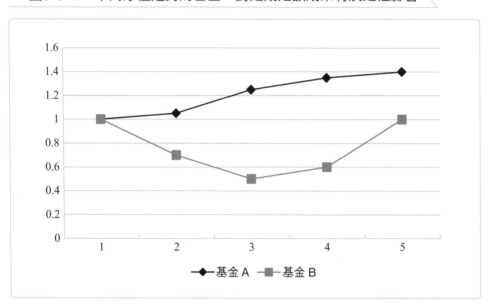

表6-15 ▶　定期定額買神奇公式組合，與其他投資方法的報酬率對比

參數	總報酬率	年化報酬率
滬深 300 指數	414.50%	6.10%
定期定額買滬深 300 指數基金	2,455.67%	14.27%
定期定額買神奇公式組合	12,166.54%	22.15%
神奇公式原版	22,373.03%	25.29%

6-4

【參數優化】嘗試更換持有檔數、持倉週期、換倉起始日

　　除了改良神奇公式的持倉策略之外，我們還可以對神奇公式組合包含的檔數、持倉週期、換倉起始日期等參數進行優化，力求透過資料回測，找出神奇公式的最佳參數。

改變股票組合包含的檔數

　　葛林布雷在《打敗大盤的獲利公式》提出的要求，是每年選出 20 檔優質低價的股票，但他並未解釋為什麼要選擇 20 檔，而不是 50 檔或 100 檔。股票組合的數量是否可以優化？

　　為了找尋解答，我們重新進行不同股票組合的回測，分別用 1 檔、5 檔、10 檔，一直到 300 檔股票，做長期的資料驗證，看看神奇公式組合在包含多少檔數時，才會在 A 股發揮最佳效果。具體的測試結果如表 6-16 所示。

　　神奇公式組合包含的檔數越少，風險越高，如果遇到公司下市、業績踩雷等黑天鵝事件，就會嚴重影響組合的整體收益。另一方面，包含的檔數越多時，報酬率會下降，甚至逐漸接近被動型指數的報酬率。道理很簡單，包含的檔數越多，相當於把越多股票選入組合中，因此會越接近指數型基金的報酬率。

　　從表 6-16 的回測結果來看，當神奇公式組合涵蓋 80 檔時，最終報酬率最高，年化報酬率達到 25.98%，高於原版神奇公式組合的 25.08。儘管如此，考慮到交易費用等因素（A 股交易的最小單位是「手」，組合內的檔數越多，

表6-16 ▶　不同的股票組合檔數下，神奇公式的報酬率對比

參數	總報酬率	年化報酬率
滬深 300 指數	499.11%	7.42%
神奇公式原版（組合有 20 檔股票）	26,811.84%	25.08%
神奇公式（組合有 1 檔股票）	304.55%	5.75%
神奇公式（組合有 5 檔股票）	12,024.79%	21.16%
神奇公式（組合有 10 檔股票）	18,653.60%	23.29%
神奇公式（組合有 30 檔股票）	26,914.94%	25.10%
神奇公式（組合有 50 檔股票）	26,300.48%	24.99%
神奇公式（組合有 80 檔股票）	30,488.54%	25.73%
神奇公式（組合有 100 檔股票）	21,717.43%	24.04%
神奇公式（組合有 200 檔股票）	5,431.77%	17.41%
神奇公式（組合有 300 檔股票）	1,874.39%	12.67%

需要的資金總量就越大），建議一般投資者採用 20 檔的神奇公式組合。

改變持倉週期的長度和起始點

　　讀者可能會有疑問，如果每年都要調整神奇公式的組合，應該在一年中的什麼時間點做調整比較合適呢？還有，調整週期一定是一年嗎？每半年、3 個月就調整一次，會不會更好呢？一般上市公司的年度財報會在 4～6 月公布，如果在這時進行選股，會不會造成 PE、ROA 等資料不準確，從而影響最終的報酬率呢？

　　針對以上疑問，我們對神奇公式進行回測，比較不同換倉日期對報酬率的影響。需要說明的是，一旦決定換倉的時間點，就一定要每年都在這個時間調整股票組合。測試的結果如表 6-17 所示。

　　從表 6-17 的測試結果來看，在什麼日期調整神奇公式組合，並沒有太

大的區別。上市公司每個季度都會公布財報,對體質好的公司來說,一年時間並不會對業績有太大影響。因此,只要使用動態 PE 作為神奇公式的選股指標,就能在一年之中的任何時間點調整股票組合。

另外,若將調整投資組合的週期改為 3 個月或半年,報酬率會如何變化呢?

從表 6-18 的回測結果來看,改變週期長度並沒有讓報酬率更高。原因在於交易手續費,如果每 3 個月調整一次持倉組合,相當於一年要交易 4 次,交易成本將是一年交易一次的 4 倍,長期下來對報酬率的影響相當大。因此,建議還是維持一年調整一次的原版神奇公式方法。

總結來說,調整神奇公式組合的日期,對報酬率並沒有太大影響,而且一年調整一次的週期最合適。

表6-17 ▶ 神奇公式組合調整日期,對報酬率的影響

參數	總報酬率	年化報酬率
神奇公式(組合調整時間 3 月 1 日)	21,675.28%	24.03%
神奇公式(組合調整時間 6 月 1 日)	26,692.00%	25.06%
神奇公式(組合調整時間 9 月 1 日)	27,174.98%	25.15%
神奇公式(組合調整時間 12 月 1 日)	25,160.00%	24.77%

表6-18 ▶ 神奇公式持倉週期長度,對報酬率的影響

參數	年化報酬率	手續費	扣除手續費年化報酬率
神奇公式(3 個月週期)	20.21%	1.20%	19.01%
神奇公式(6 個月週期)	22.00%	0.60%	21.40%
神奇公式原版(一年週期)	25.06%	0.30%	24.76%

6-5

【GPA 優化】以 GPA 作為替代指標，尋找高毛利率個股

我們還看過其他針對神奇公式的調整方案，例如：有人提出將神奇公式使用的資產報酬率改成 GPA（Gross Profits to Assets，即毛利占資產總額的比例），也就是把毛利率當作評價一家公司是否優質的指標。

GPA ＝營業毛利（Gross Profit）／資產總額

這個調整方案的基本邏輯如下。

（1）毛利是公司經營的基礎，毛利高的公司才可能進行再投資，從而回報給股東。而且，由於公司的銷售額和成本是確定的，毛利造假的可能性比較低。

（2）使用資產總額作為分母的好處，是該數值與公司資產結構無關，可以用來與其他公司做比較，因此造假的可能性也比較低。

總之，一家公司的毛利率高，說明這家公司有比較高的行業護城河，或產品有比較大的競爭優勢，因此可作為評價一家公司是否優質的指標。那麼，使用在神奇公式的效果如何呢？我們來看測試結果，如表 6-19 所示。

表6-19 ▶ 神奇公式原版與 GPA 調整版的報酬率對比

參數	總報酬率	年化報酬率
神奇公式原版（資產報酬率）	26,692.00%	25.06%
神奇公式調整（GPA）	5,093.35%	17.89%

　　從回測結果來看，用 GPA 代替原版神奇公式的 ROA 指標，得到的報酬率遠不如原版神奇公式。原因之一在於，A 股的國營企業和景氣循環股比較多，因此毛利率高的公司股價表現較不理想。

　　從以上驗證結論來看，不建議採用 GPA 代替神奇公式的 ROA 參數。

6-6

【混合優化】最適合收入穩定卻沒空看盤的人，該怎麼做？

　　在上述討論的多種神奇公式調整方案中，有些是有效的，但也有不少效果不明顯或者無效。在有效的調整方案中，也有部分方案在實務上難以實施，或實施的成本比較高。

　　我們綜合上述的調整方案，總結出一種適合一般工薪階層的投資方案：定期定額＋動態持倉。

　　具體方案如下：每年定期從薪資中拿出一部分資金（例如 1 萬元）投入神奇公式選出的股票中，當股市 PE 大於 40，賣出所有股票，改投入無風險的債券／存款；當股市 PE 小於或等於 40，再重新用神奇公式買進股票。

　　混合優化方案適合比較忙碌、沒有時間做投資研究的投資者。按照此方案進行投資，每年堅持拿出一部分資金進行定期定額，年化報酬率可以達到24.15％，如表 6-20 所示。

表6-20 ▶　混合優化法與其他定期定額法的報酬率對比

參數	總報酬率	年化報酬率
定期定額買滬深 300 指數基金	2455.67%	14.27%
定期定額買神奇公式組合	12166.54%	22.15%
混合優化法	17877.17%	24.15%

本章小結

　　本章提出多種神奇公式調整方案，並逐一進行資料回測，比較報酬率的表現。在眾多方案中，用市場平均 PE 判斷買賣時機是有效的，同時結合動態持倉與定期定額，對一般投資者來說，是非常簡單且實用的投資策略。

　　我們強烈建議一般的工薪階層，使用本章最後提出的混合優化方案來規畫投資。當然，我們也推薦完全不改變葛林布雷原來的神奇公式方法，最終的投資報酬率預計也會相當理想。

NOTE   /   /   /

透過充分的資料和分析，我們已證明神奇公式在 A 股確實有效，接下來要看看神奇公式在美股的表現，是否真的如同葛林布雷宣稱得那麼好？除了中國和美國股市之外，神奇公式在全球其他主要市場中，是否依然表現神奇？

　　本章中，我們將從已獲得的股市資料庫，分析神奇公式在香港、歐洲、美洲等股市的表現。在此之前要先說明，由於在部分市場無法取得超過 20 年的歷史資料，因此本章中，各個市場的分析週期會長短不一。

第 **7** 章

6國股市回測證明，
在全球投資賺透透

7-1

【美國】使用公式的人日益增多，報酬率出現什麼趨勢？

　　美國股市主要由紐約證券交易所（New York Stock Exchange，簡稱NYSE）和那斯達克證券交易所（National Association of Securities Dealers Automated Quotations，簡稱NASDAQ）組成，是世界上最大的股票證券交易市場。其中有幾個重要的指數，解說如下。

　　（1）道瓊工業平均指數（Dow Jones Industrial Average），簡稱道瓊指數。成分股是從紐約證交所和那斯達克的上市股票中，選出30家具有代表性的公司。

　　（2）那斯達克綜合指數（NASDAQ Composite Index），簡稱那指、美國科技指數，是反映那斯達克證交所行情變化的股價平均指數。

　　（3）標準普爾500指數（S&P 500），簡稱標普500指數，是從紐約證交所、那斯達克的上市股票中，選出500檔作為成分股，經由股本加權後得出的指數，其中包含400家工業類股、40家公用事業、40家金融類股及20家運輸類股。

　　標普500指數幾乎占紐約證交所股票總值的80％以上，而且在選股上考量到市值、流動性及產業代表性等因素，所以一推出就深受機構法人與基金經理人的青睞，成為評量操作績效的重要參考指標。在本小節中，我們將使用該指數與神奇公式做對比。

葛林布雷宣稱神奇公式在美股的效果

　　葛林布雷聲稱，用神奇公式投資美股的長期收益，可達到年化報酬率 20％左右。他在《打敗大盤的獲利公式》中，提出從 1988 年到 2004 年的 17 年間，在不同市值規模下應用神奇公式的收益情況，分別為最大的 1,000 檔股票（市值超過 10 億美元的公司），以及最大的 3,500 檔股票（市值超過 5,000 萬美元的公司）。

　　具體的報酬率見表 7-1，可以看出，每年從市值超過 5,000 萬美元的公司中挑選股票組合，17 年後的年化報酬率最好，能達到 30.8％。

表7-1 ▶　美股 17 年來，神奇公式在不同市值規模下的報酬率對比

年份	最大的 1,000 檔股票（市值超過 10 億美元）	最大的 3,500 檔股票（市值超過 5,000 萬美元）	標普 500 指數
1988	29.4%	27.1%	16.6%
1989	30.0%	44.6%	31.7%
1990	-6.0%	1.7%	-3.1%
1991	51.5%	70.6%	30.5%
1992	16.4%	32.4%	7.6%
1993	0.5%	17.2%	10.1%
1994	15.3%	22.0%	1.3%
1995	55.9%	34.0%	37.6%
1996	37.4%	17.3%	23.0%
1997	41.0%	40.4%	33.4%
1998	32.6%	25.5%	28.6%
1999	14.4%	53.0%	21.0%
2000	12.8%	7.9%	-9.1%
2001	38.2%	69.6%	-11.9%
2002	-25.3%	-4.0%	-22.1%
2003	50.5%	79.0%	28.7%
2004	27.6%	19.3%	10.9%
年化報酬率	22.90%	30.80%	12.40%

　　神奇公式是否真的如葛林布雷計算，在美股有如此高的報酬率？在《打敗大盤的獲利公式》出版後，也就是 2004 年後的 15 年，神奇公式是否還能在美股取得很好的成績呢？我們將進行全面的資料回測。

神奇公式在美股的回測效果驗證

　　由於葛林布雷聲稱，從美股前 3,500 檔股票（市值超過 5,000 萬美元）當中，選擇股票組合的效果最優，因此我們按照這個範圍，用神奇公式篩選 1995 年到 2009 年的美股股票。最終的資料回測結果如表 7-2 所示。

　　可以看到，在美股使用神奇公式，25 年下來的總報酬率為 27.8 倍，比標普 500 指數的 8.5 倍高出不少，但是年化報酬率僅達到 14.2%，雖然優於標普 500 指數的 8.9%，卻與葛林布雷計算出來的 30.8% 相差很多，甚至與他宣稱長期使用神奇公式能獲得的 20% 年化報酬率，也相差甚遠，如圖 7-1

表7-2 ▶ 神奇公式在美股近25年的資料回測

年份	神奇公式（美股）	標普500 指數	年份	神奇公式（美股）	標普500 指數
1995	30.4%	37.6%	2009	54.4%	26.5%
1996	37.2%	23.0%	2010	13.7%	12.8%
1997	35.9%	33.4%	2011	6.9%	-0.1%
1998	6.9%	28.6%	2012	10.3%	13.4%
1999	-5.9%	21.0%	2013	42.3%	29.6%
2000	36.1%	-9.1%	2014	22.2%	11.4%
2001	23.7%	-11.9%	2015	5.9%	-0.7%
2002	-15.4%	-22.1%	2016	12.9%	10.6%
2003	54.4%	28.7%	2017	22.2%	19.4%
2004	32.4%	10.9%	2018	-4.6%	-7.0%
2005	9.8%	4.9%	2019	7.8%	18.4%
2006	17.8%	15.8%	總報酬率	2782.5%	850.9%
2007	6.8%	5.5%	年化報酬率	14.20%	8.90%
2008	-47.7%	-37.0%			

所示。

　　為什麼我們的分析與《打敗大盤的獲利公式》的描述，差別那麼大？如果把 2005～2019 年這 15 年分開來看，如表 7-3 所示。可以看出，美股從 2005 年開始，不管是標普 500 指數或神奇公式，報酬率都明顯低於近 25 年的平均值。

　　可以這麼說，近年來，神奇公式在美股的報酬率有下降趨勢，原因如同葛林布雷在書中所說，如果股市中有越來越多人使用神奇公式，或是信任價值投資的理念，神奇公式的效果就會越來越差。

　　對於神奇公式近年來的效果問題，我們將在第 9 章進一步討論。

圖7-1 ▶ 神奇公式與標普500指數的總報酬率對比

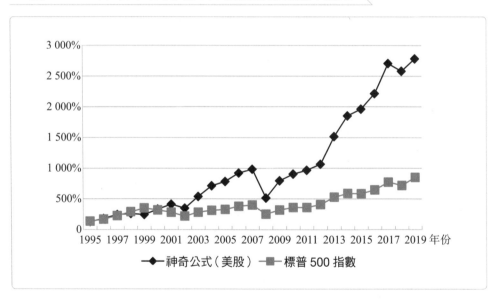

表7-3 ▶ 美股2005～2019年報酬率分別統計

年份	神奇公式（美股）	標普 500 指數
2005～2019	9.51%	6.90%
1995～2019	14.20%	8.90%

7-2

【香港】必須調整選股範圍，剔除小型股、殭屍股⋯⋯

港股是指在香港聯合交易所上市的股票，可以追溯到 1891 年香港經紀協會設立之時。1980 年 7 月 7 日，香港遠東交易所、金銀證券交易所、九龍證券交易所，加上原來的香港證券交易所，4 家交易所合併成現在的香港聯合交易所。

香港股市歷史悠久，而且與已開發國家的股市接軌，因此比中國股市更成熟理性，對世界行情的反應更靈敏。

反映港股行情的重要指標是恒生指數，由香港恒生銀行旗下的恒生指數服務有限公司負責編製，成分股是在港股市場上市的 70 多家公司。除了恒生指數之外，港股還有紅籌指數、創業板指數、國企指數等，但由於恒生指數最能反映港股市場，以下採用該指數和神奇公式做對比。

神奇公式在港股的回測效果驗證

雖然港股歷史悠久，但我們只能取得 2000 年到 2019 年共 20 年的資料，因此也只能根據這 20 年進行分析。具體的回測結果如表 7-4 所示。

可以發現，神奇公式在港股的應用效果相當不錯，近 20 年恒生指數只漲了大約 2 倍，神奇公式的總報酬率卻達到 158 倍，年化報酬率達到 28.83%，遠遠領先恒生指數，如圖 7-2 所示。

這樣的結果讓我們不禁懷疑資料回測是否有漏洞？我們使用的港股資料庫，是否存在不準確的數據？

表7-4 ▶ 神奇公式在港股近20年的資料回測

年份	神奇公式 （港股）	恒生指數	年份	神奇公式 （港股）	恒生指數
2000	-13.33%	-11.00%	2011	77.35%	-19.97%
2001	28.80%	-24.50%	2012	70.92%	22.91%
2002	-22.51%	-18.21%	2013	65.29%	2.87%
2003	33.99%	34.92%	2014	20.79%	1.28%
2004	98.26%	13.15%	2015	-24.01%	-7.60%
2005	89.55%	4.54%	2016	34.02%	39.00%
2006	51.39%	34.20%	2017	22.98%	30.90%
2007	12.38%	39.31%	2018	-22.54%	-13.69%
2008	-8.38%	-48.27%	2019	5.89%	2.62%
2009	213.51%	52.02%	總報酬率	15855.39%	207.25%
2010	19.81%	5.32%	年化報酬率	28.83%	3.71%

圖7-2 ▶ 神奇公式與恒生指數近20年的總報酬率對比

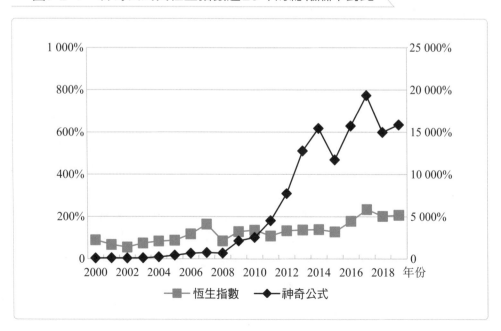

神奇公式在港股應用的誤差問題

重新分析港股資料後，我們發現神奇公式在港股的真實效果，確實需要打上很大的問號，主要原因如下。

（1）港股的小型股太多。根據 2019 年資料顯示，在港股上市的企業總數為 2,307 家，市值低於 10 億港元的股票多達 1,086 檔，占比 47%。其中，84 檔市值低於 1 億港元，278 檔市值低於 2 億港元，735 檔市值低於 5 億港元。

對比 A 股，目前低於 10 億市值的股票不足 1%，可見港股的小市值公司占比實在太高，這導致市場上存在許多成交量非常低，甚至是 0 成交量的股票。在使用神奇公式時，可能根本買不到相應的股票，使資料回測的真實性大打折扣。

（2）港股的老千股（注：顧名思義就是騙人錢財的股票，往往以資本運作稀釋投資者手中的股權，損害小股東利益，但對大股東有利）、殼股（注：公司的上市地位俗稱為「殼」，殼股通常是指一家未達上市櫃標準的甲公司，收購已上市櫃乙公司的控股權，借用上市公司之殼來達成上市）及仙股比較多。

根據《中國基金報》2019 年統計，港股有 178 家公司的營業收入低於 5,000 萬港元，其中的 32 家營業收入低於 2,000 萬港元。由於港股市場相對自由開放，這部分公司中有不少殼股和老千股，它們憑藉「財技」美化報表、「造殼」裝入業績，讓公司利潤短期上看起來還不錯。這些公司大多是港股出名的仙股，股價長期在 1 港元以下，更有 214 檔股票低於 0.1 港元，約占港股整體數量的 10%。

老千股和殼股造業績，仙股造低價，這些股票可能會被神奇公式選中，但事實上根本無法在市場上正常交易，因此會影響資料回測的真實性。

（3）港股存在大量無成交量的殭屍股。根據 2019 年資料統計，港股整體的換手率為 54%，大概只是 A 股的 1/10，2,307 家港股上市公司中，有 925 檔個股的日均成交額不到 100 萬港元，占港股總數的 40%，更有 144 檔個股的日均成交額低於 10 萬港元。長期的低成交量不但影響股價走勢，也可能導致市場上根本無法交易這些股票，因此也會影響資料回測的真實性。

雖然港股有老千股、殭屍股這些問題，但也有騰訊、中國移動、匯豐銀

行這樣的巨無霸績優公司。根據 2019 年統計，騰訊、匯豐銀行、中國移動、中國銀行的總市值，占港股總市值的 36.5％，而在港股上市的國有企業市值占比，已超過港股的 60％（如圖 7-3 所示），顯示出強者越強的市場特性。

　　因此，港股投資機構喜歡持有港股的藍籌股票，根據 2019 年統計，港股投資機構持有市值前 20％的港股公司，占比高達 96.4％。

神奇公式在港股資料調整後回測效果

　　綜合以上所述，我們應該調整在港股的應用方式，將神奇公式的選股範圍限定在市值前 30％的股票當中。遵循這個原則，神奇公式在港股的效果如表 7-5（見 188 頁）所示。

　　可以看到，20 年的年化報酬率為 16.28％。雖然數字遠低於前一次回測的 28.83％，但這個結果更貼近在港股使用神奇公式的真實收益，而且 20 年的總報酬率達到 20 倍左右，實際效果還算不錯，如圖 7-4（見 188 頁）所示。

圖7-3 ▶　港股的國有企業市值占比變化

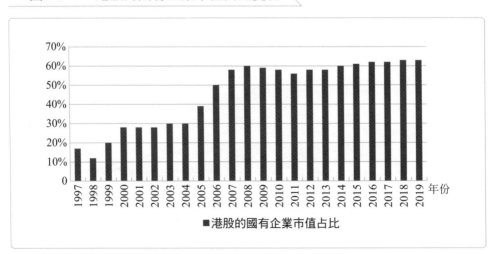

表7-5 ▶ 神奇公式在港股（市值前30%的股票）的資料回測

年份	神奇公式（港股前30%）	恒生指數	年份	神奇公式（港股前30%）	恒生指數
2000	-18.45%	-11.00%	2011	27.45%	-19.97%
2001	2.31%	-24.50%	2012	70.32%	22.91%
2002	-22.13%	-18.21%	2013	70.29%	2.87%
2003	33.99%	34.92%	2014	30.44%	1.28%
2004	22.72%	13.15%	2015	-14.01%	-7.60%
2005	43.74%	4.54%	2016	14.14%	39.00%
2006	23.52%	34.20%	2017	12.22%	30.90%
2007	35.28%	39.31%	2018	-23.56%	-13.69%
2008	-26.95%	-48.27%	2019	5.21%	2.62%
2009	113.31%	52.02%	總報酬率	2040.91%	207.25%
2010	19.51%	5.32%	年化報酬率	16.28%	3.71%

圖7-4 ▶ 神奇公式在港股（市值前30%的股票），與恒生指數的總報酬率對比

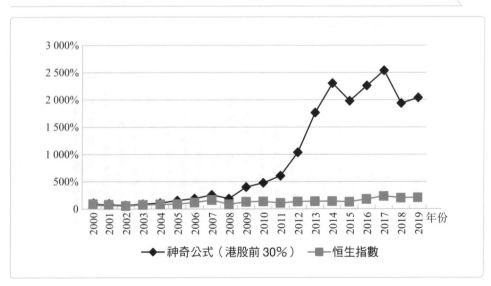

7-3

【歐洲】歐債危機10年期間，
神奇公式仍然表現亮麗

　　為了研究神奇公式在世界其他市場的有效性，我們找到瑞典、比利時、巴西、泰國的股市資料庫，涵蓋歐、美、亞三大地區。雖然研究資料不一定完善或具代表性，但是仍然可以用這幾個市場作為切入點，探討「神奇公式是否在全球大部分的市場都適用」。

神奇公式在瑞典股市的表現

　　按照道理，想討論神奇公式是否適用於歐洲已開發國家，應該研究英國、法國、德國的股市資料，但是我們寫作本書時，無法找到這些國家的歷史股市資料，因此無法進行資料回測研究。

　　選擇瑞典股市的原因是我們在瑞典隆德大學（Lunds University）的論文網中（https://www.lunduniversity.lu.se），找到過去 21 年瑞典股市的資料庫，可作為以下研究和討論的基礎。

　　瑞典的斯德哥爾摩證券交易所（Nasdaq Stockholm，舊稱 Stockholm Stock Exchange）創立於 1863 年，如今屬於世界最大的交易所公司，那斯達克 OMX 集團（NASDAQ OMX）分支之一，那斯達克北歐交易所（NASDAQ Nordic）的一部分。那斯達克北歐交易所旗下的其他市場，還包括赫爾辛基、哥本哈根、冰島。

　　斯德哥爾摩證交所最重要的指數是 OMX 斯德哥爾摩 30 指數（OMX Stockholm 30，簡稱 OMXS30），這是一個加權指數，由 30 檔成交量最大的

表7-6 ▶ 神奇公式在瑞典股市近21年的資料回測

年份	神奇公式（瑞典）	OMXS30	年份	神奇公式（瑞典）	OMXS30
1999	21.10%	97.00%	2011	14.07%	-1.46%
2000	19.83%	-40.10%	2012	16.91%	12.70%
2001	3.45%	-11.86%	2013	32.90%	13.69%
2002	-2.21%	-30.77%	2014	37.91%	18.71%
2003	43.54%	27.78%	2015	18.22%	-17.32%
2004	18.96%	11.96%	2016	28.69%	16.45%
2005	73.71%	46.60%	2017	5.12%	2.60%
2006	19.72%	7.28%	2018	-13.88%	-11.72%
2007	-10.22%	-21.43%	2019	6.79%	12.08%
2008	-24.26%	-28.91%	總報酬率	2765.27%	219.67%
2009	72.50%	47.28%	年化報酬率	17.13%	3.82%
2010	25.79%	12.52%			

股票組成，最能反映瑞典股市的情況。因此，以下使用該指數與神奇公式做對比。

我們取得瑞典證交所從 1999 年到 2019 年，共 21 年的股票資料，並用神奇公式進行回測，結果如表 7-6 所示。可以看到在過去 21 年，OMXS30指數上漲 2 倍左右，年化報酬率為 3.82%，神奇公式在瑞典的總報酬率則是27.6 倍，年化報酬率達到 17.13%。結果證明，神奇公式在瑞典股市也非常有效，如圖 7-5 所示。

神奇公式在比利時股市的表現

我們在瑞典隆德大學的資料庫中，找到比利時近 25 年的股市資料。比利時的布魯塞爾證券交易所（Brussels Stock Exchange，簡稱 BSE），於 1801年由拿破崙詔令建立於比利時首都布魯塞爾，是全世界歷史最悠久的證券交

圖7-5 ▶　神奇公式在瑞典股市，與OMXS30指數的報酬率對比

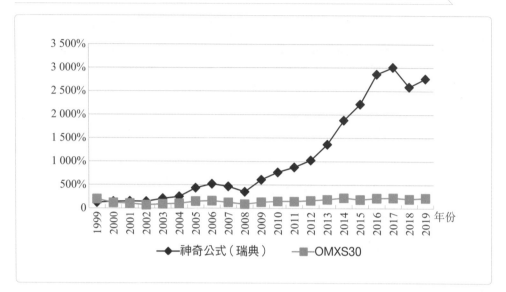

易所之一。

　　2000 年 9 月，布魯塞爾證券交易所和巴黎證券交易所、阿姆斯特丹證券交易所合併，建立泛歐交易所（Euronext N.V.），是歐洲第一家跨國交易所，也是歐洲第一大證券交易所、世界第二大衍生性金融商品交易所，與紐約證交所、那斯達克、日本交易所集團等，並列世界五大交易所。

　　泛歐交易所成立之後，BSE 更名為「布魯塞爾泛歐交易所」（Euronext Brussels），最知名的指數是比利時 20 指數（BFX20），包含 20 檔成份股，以下將用該指數和神奇公式做對比。

　　我們取得布魯塞爾證交所從 1995 年到 2019 年，共 25 年的股票資料，並用神奇公式進行回測，結果如表 7-7（見 192 頁）所示。可以看到在過去 25 年內，BFX20 指數漲了 4 倍左右，年化報酬率為 4.08％，神奇公式的總報酬率則是 17 倍，年化報酬率達到 12.03％。因此我們認為，神奇公式在比利時股市的應用效果非常理想，如圖 7-6（見 192 頁）所示。

表7-7 ▶ 神奇公式在比利時股市近25年的資料回測

年份	神奇公式（比利時）	BFX20	年份	神奇公式（比利時）	BFX20
1995	31.72%	12.23%	2009	59.94%	31.59%
1996	40.11%	21.54%	2010	18.71%	2.67%
1997	44.56%	27.59%	2011	2.30%	-19.20%
1998	-18.99%	45.32%	2012	6.55%	18.80%
1999	10.65%	-4.95%	2013	31.02%	18.13%
2000	4.22%	-9.46%	2014	27.88%	12.14%
2001	15.87%	-8.02%	2015	29.56%	12.86%
2002	-38.96%	-27.21%	2016	-5.70%	-2.81%
2003	44.85%	10.82%	2017	15.61%	10.64%
2004	32.67%	30.68%	2018	-10.58%	-18.48%
2005	45.98%	21.32%	2019	19.60%	16.14%
2006	38.11%	23.65%	總報酬率	1713.31%	271.76%
2007	-8.11%	-5.95%	年化報酬率	12.03%	4.08%
2008	-47.88%	-53.76%			

圖7-6 ▶ 神奇公式在比利時股市，與BFX20指數的報酬率對比

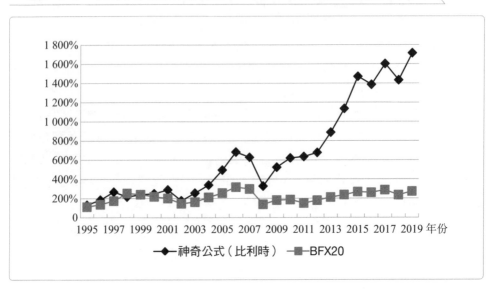

神奇公式在歐債 10 年危機的表現

歐洲從 2011 年開始爆發「歐債危機」，最早的導火線是希臘的債券違約，但這場危機最根本的原因，是這些國家的經濟失去生產力，導致出口變差，政府不得不依靠投資和消費拉動經濟，使得赤字不斷累積。

歐債危機導致歐洲經濟一蹶不振，歐洲股市也表現不佳。三大歐洲股指是英國富時 100 指數、德國 DAX30 指數、法國 CAC40 指數，從 2011 年以來，漲幅分別為 25.0％、81.8％、38.2％，年化報酬率只有 2.51％、6.87％、3.66％。除了德國股指在歐洲表現較為優秀，其餘大部分股指在歐債危機爆發後的 10 年間，表現只是差強人意。

儘管如此，神奇公式在歐債危機 10 年內，於比利時和瑞典股市的表現依然優秀，年化報酬率分別為 11.94％和 15.28％，如表 7-8 所示。我們有理由相信，如果能找到相關的歷史股市資料，神奇公式在英國、德國、法國應該也能表現出色。

表7-8 ▶ 神奇公式與歐洲主要指數的報酬率對比

歐洲主要指數	歐債危機以來股指年化報酬率
英國富時 100 指數	2.51%
德國 DAX30 指數	6.87%
法國 CAC40 指數	3.66%
比利時 20 指數	4.30%
瑞典 OMXS30 指數	4.33%
神奇公式（比利時）	11.94%
神奇公式（瑞典）	15.28%

7-4

【巴西】景氣循環週期很明顯，在衰退期也保持正收益

我們嘗試尋找南美洲的股市資料庫，很幸運地在哥本哈根大學工商與經濟法律學院的網站中，找到巴西股市從 2007 年到 2019 年的資料，並藉此驗證神奇公式在該市場的效果。

巴西是全球 5 個主要的新興市場之一，與中國、印度、俄羅斯、南非曾並稱「金磚五國」（BRICS）。巴西證券交易所（BM&F Bovespa）的總部位於巴西最大的城市聖保羅，成立於 1890 年 8 月 23 日。直到 1960 年代中期，它和巴西其他的證交所都是國有企業。1965 年，巴西的國家金融體系和股市實施改革開放。2007 年，該交易所成為一家股份化的營利公司。

巴西指數又稱為聖保羅指數（Bovespa index，IBOVESPA），是美洲第四大股價指數，也是南美第一大股價指數。在接下來的分析中，我們將採用 IBOVESPA 與神奇公式做對比。

我們取得巴西證交所從 2007 年到 2019 年，共 13 年的歷史資料，並用神奇公式進行回測，結果如表 7-9 所示。由於巴西是資源型國家，經濟受到國際需求市場的影響較大，尤其是 2008 年美國金融危機，使 IBOVESPA 在 2009 年跌了將近一半。但是長期來看，在各國股市中 IBOVESPA 的表現算是不錯，13 年的總報酬率為 316.67%，年化報酬率達到 9.27%。

神奇公式在巴西股市的表現也相當不錯，13 年來的總報酬率達到 510.21%，年化報酬率達到 13.36%。雖然與巴西股指的差距不大，但是從複利的角度來看，神奇公式的效果還是明顯更好，如圖 7-7 所示。

巴西股市和本章前面研究過的股市有些不同，它呈現一種週期性，也就

表7-9 ▶ 神奇公式在巴西股市近13年的資料回測

年份	神奇公式（巴西）	IBOVESPA	年份	神奇公式（巴西）	IBOVESPA
2007	38.36%	21.32%	2015	-11.22%	-0.80%
2008	25.36%	63.64%	2016	-35.67%	51.49%
2009	-40.46%	-47.47%	2017	48.98%	34.08%
2010	117.48%	95.19%	2018	14.88%	12.68%
2011	42.41%	-0.49%	2019	29.84%	11.28%
2012	1.57%	-6.93%	總報酬率	510.21%	316.67%
2013	50.00%	-6.38%	年化報酬率	13.36%	9.27%
2014	-17.49%	-28.98%			

圖7-7 ▶ 神奇公式在巴西股市，與IBOVESPA指數的報酬率對比

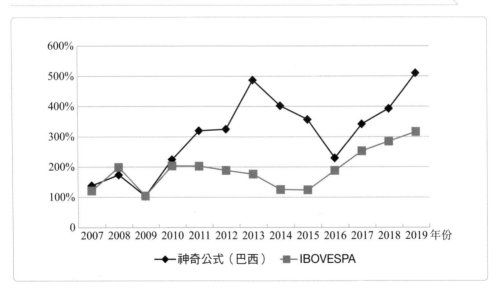

是當全球爆發經濟危機、資源需求下降時，巴西國內企業的銷售業績會下降；當全球需求回升時，巴西國內企業的業績會改善。

借助巴西股市的週期性特點，以下分析神奇公式能否應用在週期性的股市、行業及股票上。

2004年到2008年是國際市場的一個景氣循環週期，許多國家對資源的需求量上升，因此巴西國內的金屬、農業、天然資源等企業業績上升。然而從2009年開始，在2008年美國金融危機的影響下，全球經濟陷入不景氣，再加上2010年爆發歐債危機，以及各種地緣政治不穩定，導致巴西的經濟呈現惡化趨勢。這個過程持續到2015年，全球經濟從2016年開始呈現復甦趨勢，巴西企業的業績也有所改善。

我們可以將巴西經濟分為3個階段：2004～2008年（景氣），2009～2015年（衰退），2016年至2019年（復甦）。由於欠缺2007年之前的巴西股市資料，所以只能分為這3個階段，統計IBOVESPA與神奇公式的表現，如表7-10所示。

可以看到，神奇公式在衰退階段仍能保持正收益，而在景氣和復甦階段與IBOVESPA的表現差距不大。由此可知，在週期性的股市中，神奇公式在衰退週期的表現比較穩定，以至於最終的長期報酬率能跑贏指數。

「牛市表現激進，熊市表現穩定」是神奇公式的收益特性，在巴西股市和中國A股都有類似現象。關於神奇公式與景氣週期的關係，我們將在第9章繼續討論。

最後，我們補充一些關於巴西股市的歷史。巴西股市曾經多次出現閃崩

表7-10 ▶ 　神奇公式在巴西股市，與IBOVESPA指數的報酬率（按週期統計）

週期	神奇公式（巴西）	IBOVESPA
2007～2008年（景氣）	73.45%	98.52%
2009～2015年（衰退）	32.37%	-5.13%
2016～2019年（復甦）	122.22%	68.13%

（flash crash），例如 1997 年 3 月 11 日，在亞洲金融風暴下，巴西股市從開盤的 94,230 點，在一天之內下跌 90％，收盤價為 9,565 點，其風險巨大堪稱世界罕見。在 2008 年美國金融危機爆發後，巴西股市雖然反應遲緩，但也在半年內下跌超過 50％，從最高的 73,920 點一直跌破 30,000 點，等到 2009 年才有所反彈。因此，如果讀者想投資巴西股市，務必要謹慎小心。

7-5

【泰國】25年累積報酬率高達70倍，遠超越SET指數

　　本書透過分析神奇公式在中國 A 股、港股的表現，已經證明它在亞洲股市的有效性，雖然想繼續驗證在日本、韓國等亞洲主要經濟體中是否有效，但無法取得相關的股市資料。所幸，我們在泰國公會大學的研究中，找到泰國股市的資料，因而得以繼續開展神奇公式在亞洲的驗證之旅。

　　泰國證券交易所（Stock Exchange of Thailand）位於曼谷，泰國的資本市場發展分為兩個階段，私營的曼谷證券交易所從 1962 年經營到 1970 年代初。1967 年到 1971 年，泰國推動第二次經濟與社會發展計畫，開始為泰國證券交易所籌集資金，以支持國家工業化和經濟發展，是泰國政府第一個官方批准、監督及規範有序的股市。

　　泰國 SET 指數（SET Index）創立於 1975 年 4 月 30 日，是由泰國證交所上市股票以市值加權計算得出。此外，泰國證交所還編纂 SET-50 和 SET-100 指數，分別涵蓋泰國證交所市值排名前 50 與前 100 的股票。

　　市值排名前 20 的企業中（如表 7-11 所示），傳統的石油、銀行、零售、通訊及房地產企業占有 70% 以上，科技類公司較少。儘管如此，泰國的電商等科技公司發展迅速，阿里巴巴、騰訊以及美國的 Facebook、亞馬遜，這幾年都在泰國設立分支，想在當地大力發展。因此，如果泰國能複製中國的發展模式，也許在未來 10 年會是很不錯的高科技投資市場。

　　我們取得泰國證交所從 1993 年到 2019 年的資料，但是為了統一起見，只從 1995 年開始分析 25 年來的歷史資料，並且用神奇公式進行回測，結果如表 7-12 所示。

表7-11 ▶ 泰國股市前 20 大公司市值占比

行業	企業數量	市值占比	行業	企業數量	市值占比
石油	4	24.21%	化工	2	5.98%
銀行	4	15.56%	醫療	2	4.13%
零售	2	8.62%	電力	1	2.11%
通訊	2	7.12%	科技	1	1.90%
房地產	2	6.57%	總數	20	76.20%

表7-12 ▶ 神奇公式在泰國近 25 年的資料回測

年份	神奇公式 （泰國）	SET	年份	神奇公式 （泰國）	SET
1995	10.32%	6.11%	2009	119.85%	82.57%
1996	-33.62%	-44.31%	2010	44.34%	34.61%
1997	19.21%	-37.96%	2011	25.94%	15.33%
1998	-10.84%	-25.87%	2012	134.66%	25.61%
1999	101.38%	14.18%	2013	-9.32%	-6.88%
2000	-15.85%	-22.77%	2014	19.83%	16.32%
2001	83.81%	29.07%	2015	-5.61%	-13.22%
2002	3.81%	-3.55%	2016	28.94%	19.88%
2003	129.84%	77.66%	2017	21.22%	13.99%
2004	3.22%	8.33%	2018	-18.23%	-10.76%
2005	9.77%	4.51%	2019	7.56%	4.98%
2006	8.47%	-8.11%	總報酬率	6974.51%	150.49%
2007	35.49%	22.18%	年化報酬率	18.51%	1.65%
2008	-41.62%	-47.86%			

可以看到，經歷 1997 年亞洲金融危機，泰國股市一蹶不振，直到 2011 年才回到 1995 年的股價指數水準，可說是二十年如一日。2011 年之後，泰國股市在全球經濟回暖的背景下，逐步獲得 50％以上的漲幅，徹底走出 20 年來的低谷。

泰國股市 25 年來，SET 指數的總報酬率僅有 150.49％，年化報酬率僅為 1.65％。反觀神奇公式在泰國的表現，25 年來總報酬率達到 6,967.51％，接近 70 倍，年化報酬率更是達到 18.51％，比 SET 指數優秀不少，如圖 7-8 所示。

圖7-8 ▶ 神奇公式在泰國股市，與SET指數的報酬率對比

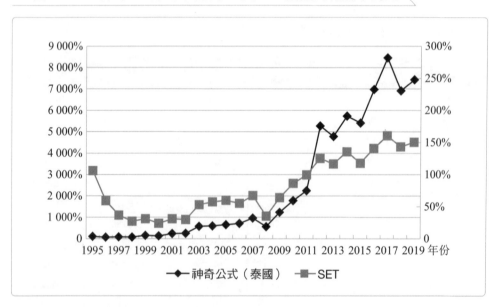

7-6

【中國】B股市場成交量極小，報酬率還是優於指數

　　回顧上述多個國家和地區的股市之後，我們得出結論：透過選擇優質低價的上市公司組合，長期來看，神奇公式在大多數國家的股市中是有效的。也許有人會好奇，如果在特定的小市場中，例如中國 B 股，神奇公式是否依然神奇呢？

　　B 股的正式名稱是人民幣特種股票，是以人民幣標明面值，以外幣認購和買賣，在中國境內（上海、深圳）證券交易所上市的外資股。

　　事實上，B 股是 A 股的小市場。B 股上市公司的業績與 A 股一致，股價卻是由境外投資者、在 B 股開戶的中國投資者，來博弈決定。因此，一家優質的 A 股上市公司，可能會在 B 股的市場博弈中獲得不一樣的價格，有時候更高，有時候更低。

　　由於 B 股的上市公司數量太少，我們只選取從 2010 年到 2019 年，共 10 年的歷史資料進行回測，並將神奇公式組合的檔數調整為每年選取 10 檔。回測的結果如表 7-13（見 202 頁）所示。

　　回顧過去 10 年的 B 股指數，總報酬率為 105.10％，相當於 10 年內只成長 5％左右，年化報酬率只有 0.5％。對比神奇公式，即使在一個有限的小市場，長期報酬率依然比指數優異，10 年的總報酬率為 188.30％，年化報酬率為 6.53％。雖然不算很多，但是仍然比外幣儲蓄強上不少，如圖 7-9（見 202 頁）所示。

　　B 股是成交量非常小的市場，但透過上述驗證，可看到神奇公式即使在小範圍、有限制的市場中，報酬率依然能勝過大盤平均值。事實上，不僅是

表7-13 ▶ 神奇公式在中國B股近10年的資料回測

年份	B股指數	神奇公式（B股）	B股數量
2010	20.58%	44.31%	82
2011	-29.27%	-35.36%	82
2012	13.77%	-5.52%	81
2013	3.56%	16.82%	81
2014	14.64%	32.29%	79
2015	46.65%	13.05%	79
2016	-19.84%	28.33%	79
2017	0.63%	7.41%	79
2018	-20.70%	-24.64%	80
2019	-2.74%	17.73%	81
總報酬率	105.10%	188.30%	—
年化報酬率	0.50%	6.53%	—

圖7-9 ▶ 神奇公式在中國B股，與B股指數的報酬率對比

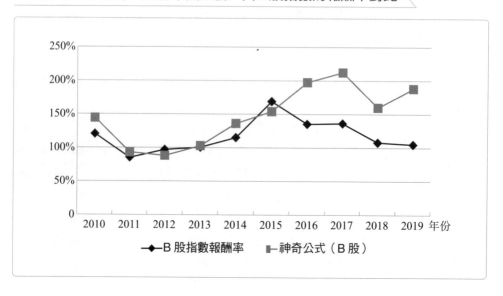

B 股，如果在藍籌股、大型股中使用神奇公式，長期報酬率也有很大的機率
會勝過股價指數。

本章小結

　　本章把神奇公式的方法運用到全球各地股市中，驗證是否有效。
為了讓結論更有說服力，我們涵蓋不同地區的股市，包括亞洲、北美
洲、南美洲、歐洲等，當中有些是區域的核心市場，有些是特定的小
市場，無論如何，最終結果都證明神奇公式的有效性。

　　我們把本章驗證過的市場報酬率，整理成表 7-14。

表7-14 ▶ 　神奇公式在不同股市，與該市場指數的年化報酬率對比

股市名稱	年化報酬率（神奇公式）	年化報酬率（指數）
美股	14.20%	8.90%
港股	16.28%	3.71%
瑞典股市	17.13%	3.82%
比利時股市	12.03%	4.08%
巴西股市	13.36%	9.27%
泰國股市	18.51%	1.65%
中國 B 股	6.53%	0.50%
中國 A 股	25.06%	6.64%

　　如果讀者能取得世界上其他股市的資料，歡迎自行驗證神奇公
式是否一樣有效。

如果你相信本書介紹的神奇公式真實有效，一定會想運用到自己的實際投資中。本章將介紹研究神奇公式的網站，以及網路上現成的工具，方便讀者實踐應用。

第**8**章

活用輔助工具，
散戶小白立刻啟動
價值投資

8-1
選股指標很難計算？
參考3個網站列出投資組合

　　雖然神奇公式很簡單，只要每年選擇 20 檔優質低價的股票，然後持有一年就可以，但對於剛入門的投資新手，要學會計算資產報酬率和本益比這些指標，可能仍有些困難。

　　現在，網路上有不少同好在研究葛林布雷的神奇公式，而且會定期公布神奇公式的持倉組合，投資者只要照著依據比例買進，再定期照著更換持倉組合即可。以下介紹一些神奇公式的研究網站，供讀者參考。

葛林布雷的美股神奇公式網站

　　葛林布雷在《打敗大盤的獲利公式》中，介紹一個專門用神奇公式選股的網站，網址是：www.magicformulainvesting.com。

　　這個網站僅涵蓋美股，投資者只要先註冊登入，然後根據說明選擇公司規模（如市值超過 5,000 萬美元、1 億美元、10 億美元的公司等），網站就會列出根據神奇公式選出的美股組合名單，如圖 8-1 所示。

　　如第 7 章所述，對美股來說，選擇市值高的企業最終成果比較好，因此建議讀者把公司規模設定在 1 億美元以上。

　　選出 30～50 家符合神奇公式標準的美股企業後，投資者可以根據自己的資金情況買進，如果資金量充裕，就按照相同比例一次買進 20～30 檔股票，持有一年後全部賣出。之後，根據網站列出的新一年神奇公式組合，按照相同比例再次買進。

圖8-1 ▶　神奇公式網站按條件篩選出的股票名單

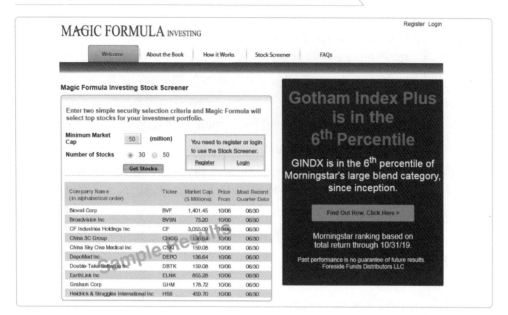

接下來是整個投資方法最困難的部分，也就是持續執行 5 年以上。假如投資者無法堅持，持有神奇公式組合 1～2 年後就改用其他投資方法，很可能會在神奇公式發揮效用之前失去機會。

正如本書第 3、4 章所述，有些優質低價的企業可能會連續幾年入選，因此這裡有個建議。由於買賣股票有手續費和稅費等成本，假如在新的一年，網站提供的新組合裡包括你已持有的股票，為了節省交易費用，投資者只需賣出該股票的獲利部分，或是按照比例補充缺少的股票市值，不用直接賣出該股票。

最後再強調一次，要持續執行 5 年以上，堅持就是勝利！

A 股的神奇公式網站

也許讀者會羨慕美股投資者能有上述的方便網站。其實，在 A 股的圈子也有不少人研究神奇公式，並且把研究結果公布在網上，投資者只要照著

買進優質低價的 A 股投資組合，也能輕鬆獲得神奇公式帶來的報酬率。

1. 股市價值投資網站 http://www.shenqigongshi.com/

這是一個收費的 A 股神奇公式網站，免費用戶可以查詢 A 股和港股的神奇公式回測效果，但如果要查詢每年的神奇公式選股，就需要加入會員。

該網站提供 A 股從 2005 年以來的資料回測，如圖 8-2 所示，截至 2019 年為止，神奇公式的年化報酬率在 21％～28％（該網站提供不同的 A 股組合選擇方式），基本上與本書的回測結果接近。

該網站也提供港股從 2015 年以來的資料回測，如圖 8-3 所示，截至 2019 年為止，神奇公式的年化報酬率在 9％左右，同樣接近本書在第 7 章的回測結果。

另外，該網站是根據季報和即時股價計算動態本益比，資料會每天更新，使用起來相當方便。

2. 雪球網 https://xueqiu.com/

在投資者論壇雪球網站，有一批研究神奇公式的自媒體作者，也會定期公布根據神奇公式制定的投資組合。但是，這裡面大部分的人都沒有長期持續執行，也沒有維護神奇公式組合。

從 2014 年開始，我們建立自己的神奇公式投資組合，下定決心持續執行，來看看 10 年、20 年後，神奇公式的效果是否真的那樣神奇，這裡分享給各位讀者參考和監督。

在雪球網上，我們建立的神奇公式組合稱作「神奇公式 A 股 ZH090096」，如圖 8-4（見 210 頁）所示，從 2014 年至 2019 年的年化報酬率為 54.96％。讀者們透過該組合，也能看到我們每年的持倉和收益變化。

另外，我們還建立「神奇公式 A 股 2ZH090105」組合，如圖 8-5（見 210 頁）所示。該組合的資產報酬率和本益比的參數，比「神奇公式 A 股 ZH090096」組合稍差，目的有二個：其一，比較不同資產報酬率和本益比參數，對報酬率的影響。從結果來看，2ZH090105 的報酬率為 34.34％，確實比 ZH090096 的 54.96％更差。

其二，ZH090096 和 2ZH090105 選取的股票總數一共是 40 檔，藉此可

圖8-2 ▶　股市價值投資網站2005 ～ 2019年的Ａ股資料回測

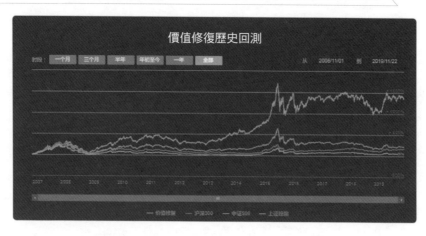

圖8-3 ▶　股市價值投資網站2015 ～ 2019年的港股資料回測

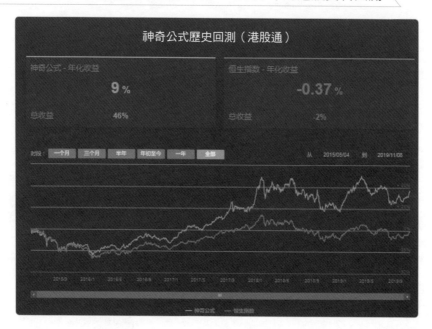

圖8-4 ▶ 我們在雪球網上制定的神奇公式組合（ZH090096）

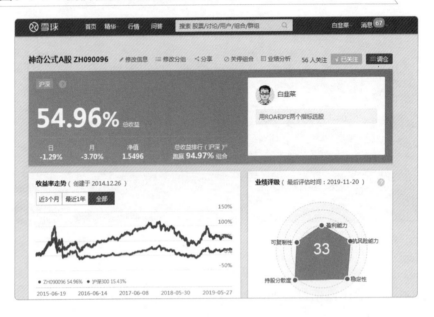

圖8-5 ▶ 資產報酬率和本益比稍差的神奇公式組合（2ZH090105）

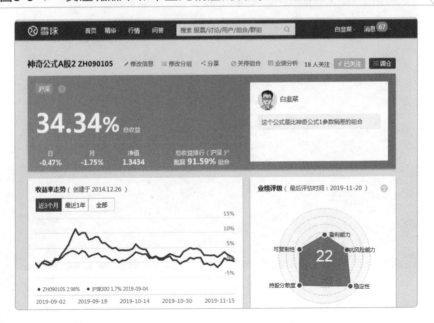

以比較不同持股檔數對報酬率的影響。兩個組合的報酬率和合併報酬率對比，如表 8-1 所示。

此外，我們還在雪球網上建立港股的神奇公式組合「神奇公式港股組合 ZH2040952」，如圖 8-6 所示。希望各位讀者和我們一起堅持經營這個神奇公式的園地，在未來共同見證公式是否真實有效。

表8-1 ▶ 兩個股票組合的報酬率及合併報酬率統計

年份	股票組合數	總報酬率	年化報酬率
神奇公式 A 股 ZH090096 組合	20	54.69%	11.52%
神奇公式 A 股 2ZH090105 組合	20	34.34%	7.66%
以上兩個組合合併	40	44.52%	9.64%

圖8-6 ▶ 神奇公式港股組合（ZH2049952）

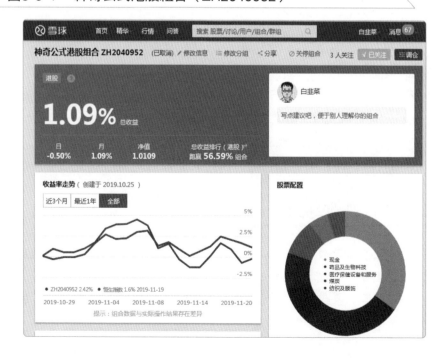

8-2

想進一步了解神奇公式，
到這些網站與股友交流

除了可以從網路上直接取得每一年的神奇公式選股組合，還有一些專門研究神奇公式的網站，作者會定期發布研究心得、調整策略、回測分析等資訊，讓神奇公式的同好者互相交流。以下介紹幾個較有價值的神奇公式研究網站。

Q-MAGIC 快慢指數網

Q-MAGIC 快慢指數網，是中國比較早期開始研究神奇公式的網站，上面會定期公布作者的神奇公式組合，網址是：www.q-magic.net。

該網站作者還有一個專門研究神奇公式的部落格，網址為：http://blog.sina.eom.cn/s/blog_4c36db8f0102e86p.html，雖然已經停止更新，但上面有許多關於神奇公式的驗證分析和調整方法，值得投資者認真閱讀。除此之外，部落格上還有很多關於價值投資的心得，有興趣的讀者可以參考。

雪球網站上的神奇公式研究

在投資網站雪球網上有不少研究神奇公式的用戶，例如：神奇俠女、價值基金、坤鵬論等，會定期發表神奇公式的研究專欄和文章，與同好者互動討論。只要在雪球網搜尋「神奇公式」，就能找到相關的研究文章和模擬投資資料，非常方便。

8-3

透過Ａ股資料庫查詢歷史數據，做回測真方便

　　本書回測 1995～2019 的 25 年間，神奇公式在 A 股的表現情況。可能會有讀者好奇，我們是如何獲取 A 股過去的股價走勢、資產報酬率和本益比數據。以下介紹一些好用的 A 股資料庫，方便各位查詢歷史資料。

同花順「i問財」

　　「同花順」股票軟體有電腦單機、手機 APP 及網頁等版本，可以查詢 A 股、港股、美股及債市、基金等各種投資資訊。同花順還開發出一些相當不錯的應用功能，例如方便查詢 A 股歷史資料的選股平台「i問財」，網址是：WWW.iwencai.com。

　　i問財除了有同花順軟體裡面所有的股市資料庫，還可以直接向軟體機器人發問。比如說，想知道 2015 年的 A 股上市公司中，有哪些公司的本益比小於 20、資產報酬率大於 15，只要在網頁的搜尋列輸入「2015 年，PE < 20 且 2015 年，ROA > 15 的公司」，如圖 8-7（見 214 頁）所示，網站就會自動匹配出符合條件的公司。

　　有了 i問財，投資者可以輕輕鬆鬆完成資料回測，並查詢神奇公式選出的股票名單。

　　除了 A 股資料，我們還能用 i問財查詢美股、港股甚至 B 股的資料。比如說，想知道 2019 年的美股上市公司中，有哪些入選神奇公式投資組合，可以在網頁的搜尋列輸入「美股 2019 年 PE < 20 且美股 2019 年 ROA >

圖8-7 ▶ 用i問財設定選股條件，得出神奇公式候選組合

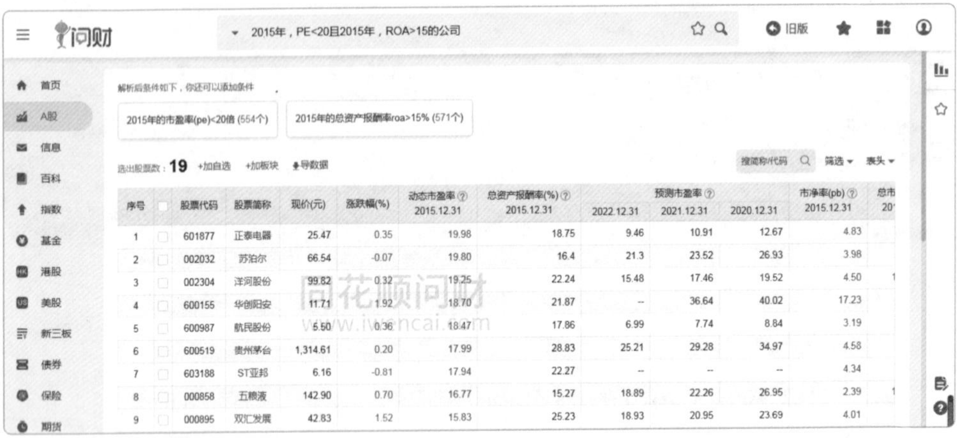

问财 2015年，PE<20且2015年，ROA>15的公司 旧版

首页 A股 信息 百科 指数 基金 港股 美股 新三板 债券 保险 期货

解析后条件如下，你还可以添加条件

2015年的市盈率(pe)<20倍 (554个)　2015年的总资产报酬率roa>15% (571个)

选出股票数：19　+加自选　+加板块　导数据　搜简称/代码　筛选　表头

序号		股票代码	股票简称	现价(元)	涨跌幅(%)	动态市盈率 2015.12.31	总资产报酬率(%) 2015.12.31	预测市盈率 2022.12.31	预测市盈率 2021.12.31	预测市盈率 2020.12.31	市净率(pb) 2015.12.31	总市 20
1		601877	正泰电器	25.47	0.35	19.98	18.75	9.46	10.91	12.67	4.83	
2		002032	苏泊尔	66.54	-0.07	19.80	16.4	21.3	23.52	26.93	3.98	
3		002304	洋河股份	99.82	0.32	19.25	22.24	15.48	17.46	19.52	4.50	1
4		600155	华创阳安	11.71	1.92	18.70	21.87	--	36.64	40.02	17.23	
5		600987	航民股份	5.50	0.36	18.47	17.86	6.99	7.74	8.84	3.19	
6		600519	贵州茅台	1,314.61	0.20	17.99	28.83	25.21	29.28	34.97	4.58	
7		603188	ST亚邦	6.16	-0.81	17.94	22.27	--	--	--	4.34	
8		000858	五粮液	142.90	0.70	16.77	15.27	18.89	22.26	26.95	2.39	1
9		000895	双汇发展	42.83	1.52	15.83	25.23	18.93	20.95	23.69	4.01	

20」，如圖 8-8 所示，接著再做一些參數調整，就能選出 20～40 檔神奇公式組合。

順帶一提，i 問財網站是免費的，但若要大量訪問資料庫並匯出 EXCEL 清單，就需要支付會員費用。

其他股市資料庫

除了同花順的 i 問財網站之外，以下這些軟體／網站也提供 A 股的資料庫查詢。

1. Wind 萬得諮詢金融終端

這是一款功能非常全面的 A 股軟體，提供即時股市資訊和歷史資料回測等，比其他軟體更強大，唯一缺點是大部分的功能都要購買會員才能使用，而且價格不斐，不太適合一般散戶投資者。但是，對條件許可的投資者來說，Wind 使用起來相當方便，可以一次性匯入或匯出資料，並根據資料庫結果畫出趨勢圖。

圖8-8　▶　用 i 問財設定美股選股條件

2. 其他資料庫

其他常見的股市行情軟體，例如：東方財富、大智慧等，都可以查詢 A
股的歷史資料庫，只是這些軟體沒有推出類似 i 問財的功能，因此使用起來
較不方便。只要讀者不嫌麻煩，一樣可以用來挑選神奇公式的年度組合，也
可以用來相互驗證，避免資料遺漏。

8-4

用神奇公式選股的基金，
是價值投資的另類方案

如果讀者覺得上述工具還是太複雜，想要一種既能用神奇公式做投資，又不需要做計算的方法，現在有許多機構推出神奇公式的基金，投資者只要像購買一般基金一樣做申購，就可以用神奇公式進行投資。

中證價值回報量化策略指數，又稱「神奇公式（CSI:930949）」，如圖 8-9 所示。該基金以神奇公式的優質低價原則為藍本，追蹤報酬率高、估值相對低的股票，在滬深上市公司中選取樣本股，每半年度調整一次，調整實施日為每年 5 月和 11 月的第六個交易日。

該基金分為 A 類（006255）和 C 類（006256）兩個組合，唯一區別是費用不同。投資者在雪球網上買 006255，需繳交 0.1％申購費，不需要銷售服務費，而 006256 不需要申購費，但每年要繳交 0.4％銷售服務費。

換句話說，買 A 類的時候會一次性扣除申購費，持有期間內，持有人不需要再付銷售服務費；買 C 類的時候不需要付申購費，但是在持有期間內，每天都要扣銷售服務費。A 類的費用是一次性扣除，C 類的費用是隨著時間每日扣除，究竟應該選擇 A 類或 C 類，取決於投資期限。

正如本書第 6 章所述，投資者除了可以一次投入一筆錢投資，也可以用定期定額的方式購買神奇公式基金，使投資收益最大化。

圖8-9 ▶ 中證價值回報量化策略指數

本章小結

　　本章介紹可讓讀者用神奇公式選股、回測歷史數據、深入研究的一些工具，並公布我們回測和選股的資料來源，供讀者自行研究使用。

　　若覺得這些工具和方法都太複雜，本章還介紹市場上已發行的神奇公式基金，讀者只要買進基金，就能用神奇公式的方法進行長期價值投資。

本章整理出網路常見、關於神奇公式的疑問，盡力逐一回答，也蒐集其他專業研究者的看法，供大家參考。

第9章

神奇公式知識大補帖，
解惑7個重要問題

Q1

若越來越多人執行神奇公式，會不會失效？

答：葛林布雷在《打敗大盤的獲利公式》中提到，如果越來越多人使用神奇公式，報酬率應該會下降，原因在於，如果大多數投資者都趨向理性的價值投資，市場上就不會存在被低估的好公司，因此神奇公式也會失效。

我們換一個角度來問：「如果股市中的價值投資者越來越多，神奇公式會不會失效呢？」按理來說當然是會。其實，股市的理性價值投資者越來越多，市場才會變得越健全。我們也觀察到，神奇公式近年來無論是在 A 股、美股或港股，報酬率都有所下降。神奇公式近 5 年在上述 3 個市場的表現，如表 9-1 所示。

首先要說明，表 9-1 是根據同一個資料庫和同一種計算方法得出的結果。在這 3 個股市中，神奇公式近 5 年的年化報酬率，都低於長期年化報酬率。如果投資者 5 年前使用神奇公式，投資這 3 個股市，在持續執行 5 年之後，一定會對報酬率感到非常失望。

表9-1 ▶ 神奇公式近 5 年在美股、A股、港股的表現

股市	神奇公式長期年化報酬率	近 5 年年化報酬率	指數年化報酬率
美股	14.20%	8.48%	8.90%
A股	25.29%	9.73%	6.10%
港股	16.28%	-0.60%	3.71%

　　我們嘗試解釋這個現象的原因。第一，可能如前文所述，價值投資者變多，使神奇公式逐漸失效。但這種可能性似乎說不通，因為這 3 個市場的發展程度並不一致。A 股是 1990 年代才發展起來的年輕市場，美股卻已經有 200 年歷史，港股也有百年歷史，難道在這 3 個不同年齡的市場中，投資者都同時覺醒為理性投資者嗎？

　　第二，近年來以美國為主的已開發國家，長期用濫發貨幣推高資產價格，導致全球股市長期處於高估值狀態，例如：A 股的創業板、美國的那斯達克、香港的科技股，優質低價的好公司無法跑贏這類泡沫資產。如果第二種可能性成立，等到世界經濟的泡沫破裂、回歸正常價值的那天來臨，神奇公式自然會發揮很高的收益效用。

　　關於神奇公式穿越經濟週期的分析，本書已在前面的章節詳述，這裡不再重複。究竟是神奇公式失效，還是世界經濟的泡沫破滅即將來臨？這還需要一些時間來觀察和解答。

Q2

投資景氣循環股，
公式同樣會勝過大盤嗎？

答：很多研究神奇公式的網友提出，使用神奇公式時，應想辦法剔除景氣循環股，因為煤炭、鋼鐵、化工等行業的業績具有週期性，無法長期跑贏指數。關於這個質疑，我們認為問題應該換成：「價值投資對景氣循環股有效嗎？有沒有符合價值投資理念的景氣循環股？」

答案應該是肯定的。對景氣循環股來說，雖然行業有週期性，但是在上市企業中一定存在優質公司，他們可以利用景氣循環週期把自己的餅做大，因此符合價值投資的原則。

以豬肉產業為例，生豬養殖明顯是週期性行業，「豬週期」大約為 3 年，如圖 9-1 所示，期間經歷「養豬存欄量高峰→價格下跌→養豬人減少→養豬存欄量低谷→價格回升→養豬人增長」的完整週期。

以生豬養殖的企業龍頭牧原股份為例，自從 2014 年 1 月開盤上市，股價已經上漲 30 倍，如圖 9-2 所示。股價表現強勁的原因在於，牧原股份上市之初，一年的生豬出欄量只有 200 萬頭左右，但是到了 2019 年，生豬出欄量已經超過 1,000 萬頭，如圖 9-3（見 224 頁）所示。

牧原股份的例子說明，週期性行業裡面也存在符合價值投資的優質企業。事實上，我們曾在 2017 年將牧原股份納入神奇公式的年度組合，而且當年組合中的豬肉股還包括溫氏股份、天邦股份，如表9-2（見225頁）所示。

除了豬肉行業，本書在第 3 章分析 2005～2007 年藍籌牛時，也多次將化工、煤炭、有色金屬等景氣循環股選入神奇公式組合，結果帶來正向的報酬率。因此，神奇公式要剔除景氣循環股是一個偽命題。

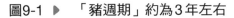

圖9-1 ▶　「豬週期」約為3年左右

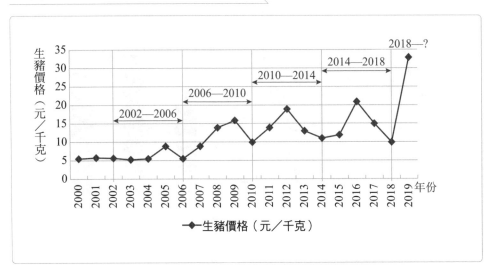

圖9-2 ▶　牧原股份在 A 股上市後，股價上漲30倍

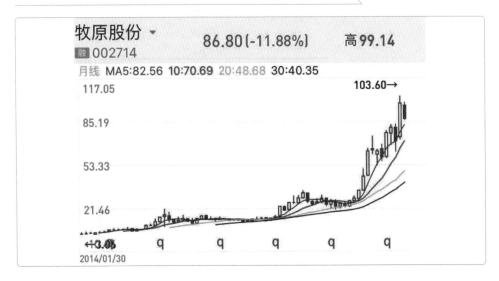

圖9-3 ▶ 牧原股份上市之初到2019年，生豬出欄量增加4倍

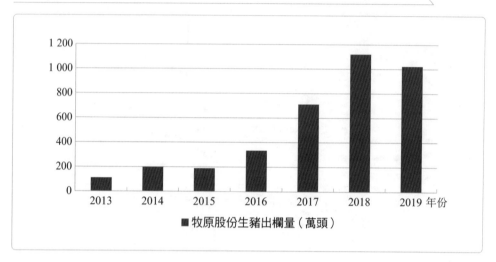

■ 牧原股份生豬出欄量（萬頭）

表9-2 ▶ 2017 年入選神奇公式組合的資產報酬率和動態本益比

股票代碼	股票簡稱	資產報酬率（％） 2016-12-31	動態本益比 2016-12-30
300498.SZ	溫氏股份	43.10	10.60
002458.SZ	益生股份	36.73	17.05
000036.SZ	華聯控股	30.36	15.13
002833.SZ	弘亞數控	29.94	14.68
600398.SH	海瀾之家	28.44	15.06
002714.SZ	牧原股份	26.71	10.24
000895.SZ	雙匯發展	26.60	15.81
002372.SZ	偉星新材	25.89	20.22
600688.SH	上海石化	25.21	12.63
600826.SH	蘭生股份	23.74	10.28
002271.SZ	東方雨虹	19.92	16.25
603929.SH	亞翔集成	22.80	7.49
600887.SH	伊利股份	22.47	18.24
600066.SH	宇通客車	22.36	14.29
002304.SZ	洋河股份	22.33	16.49
002466.SZ	天齊捏業	22.26	20.11
000651.SZ	格力電器	22.06	9.89
601633.SH	長城汽車	21.95	10.50
600718.SH	東軟集團	21.65	8.97
002124.SZ	夭邦股份	20.62	16.96

Q3

挑選股票時，
為什麼需要排除金融股？

答：葛林布雷在《打敗大盤的獲利公式》中明確提到，使用神奇公式的時候必須剔除金融股。書中沒有解釋為什麼，但是道理很簡單，因為金融業是高槓桿行業，在其資產總額中，自有資產只占一小部分，其餘都是借貸而來，所以 ROE ／ ROA 比率會明顯高於其他行業，財務報表也與一般公司不太一樣。

Q4

在各國股市，
剔除公用事業股的原則都適用嗎？

　　答：葛林布雷除了要求剔除金融股，也要求剔除公用事業股，因為公用事業受到監管，不是真正的市場化公司，因此不遵循市場化規則。

　　但是我們認為這條原則並不符合 A 股的狀況，因為除了一部分符合美國標準的公營企業，如中山公用（000685）、寧波高速（600377）之外，還有大量的國有企業、中央企業，如果將它們視為非市場化公司，A 股有一半的公司都應該被剔除。

　　根據中國的國情，只要是按照 A 股市場化要求上市的企業，其財報和管理都應該受到資本市場的監管。從投資效益來看，A 股過去 25 年有大量國有企業入選神奇公式組合，而且長期報酬率依然理想，因此我們認為，在 A 股不需要剔除公用事業股。

Q5

能否將公式反過來，
找出劣質高價股來長期做空？

答：既然神奇公式是選擇優質低價的股票組合，來長期持有，而且被證明為有效，假如把神奇公式倒過來用，每年專挑 20 檔劣質高價股進行做空，是否也會有效呢？

葛林布雷對這個問題不置可否，只淡淡說了句：「也許有效，但我沒有嘗試過。」因此，我們不敢妄下結論。雖然想做資料回測，無奈我們不太熟悉美股的做空交易機制，而 A 股中大多數的股票無法做空，且憑目前的資料庫也很難做回測，因此無法判斷這個方法是否有效。

實際上，A 股是以散戶為主的市場，時不時會冒出劣質高價的妖股，並朝泡沫化的方向發展，如果貿然做空可能適得其反，因此我們不建議把神奇公式反過來使用。當然，有興趣的讀者可以自行測試。

Q6

在全球市場做長期投資，
能否用公式建立一個股票組合？

　　答：橋水基金負責人瑞·達利歐（Raymond Dalio）曾分享他的投資理念：在全球市場選擇 10 個相關性較小的投資組合，進行長期投資，不但能有效分散投資風險，還能同時獲得各個市場的成長收益。

　　因此有人提問，能不能用神奇公式在全球市場選擇投資組合？比如說，同時在美股、A 股、日本股市等 10 個全球市場中，按照優質低價的原則，選擇 20～80 檔最優秀的股票做長期投資，並且每年更換組合。

　　這樣的投資理念雖然好，但有一個很嚴重的問題，就是每個股市的估值不一樣。比如說，港股的估值長期低於 A 股，其 20 年平均本益比在 11 左右，而 A 股在 18 左右，如果用神奇公式同時在 A 股和港股選股，很可能會選出大量的港股股票，因此很難發揮分散投資的作用。

　　比較合理的做法是，固定在每個市場選擇數檔股票，最終合併成一個全球性股票投資組合，就能發揮分散投資的作用。但是，與其這樣做，還不如分別在不同市場上用神奇公式建立組合投資，因此實際意義不大。

Q7

市場上基金那麼多，
可以操作公式來挑選嗎？

答：本書第2章曾分析，對大多數投資者來說，投資股票不如投資基金。因此有網友提出，我們能不能藉由基金的平均本益比和平均資產報酬率，來選出優質低價的基金？

比如說，市面上有100檔基金，透過計算每檔基金的平均本益比和平均資產報酬率，最終選出一檔本益比最低、資產報酬率最高的基金。這樣挑出來的基金既符合神奇公式選股條件，也有分散投資的作用，理論上應該可行。真的是這樣嗎？

事實上，這種做法行不通。在計算本益比和資產報酬率時，通常是使用上一年或上一季度的財報數據，而公募基金通常是按季度或小於季度的時間跨度，管理股票組合並進行調倉，因此，你現在計算的基金平均本益比和平均資產報酬率，實際上可能不包含在該基金現有的股票組合中。

所以，不建議採用神奇公式的方法選擇基金。

本章小結

本章選出投資者對神奇公式的常見疑問，並進行解答。我們的回答不一定完全準確和標準，如果讀者有更多問題，歡迎透過雪球論壇等方式，進一步討論。

NOTE   /   /   /

參考文獻

[1] 喬爾‧格林布拉特：《股市穩賺》，北京，中信出版社，2007。

[2] 喬爾‧格林布拉特：《股市穩賺》（升級版），北京，中信出版社，2010。

[3] 喬爾‧格林布拉特：《股市天才》，北京，中國青年出版社，2011。

[4] 喬爾‧格林布拉特：《價值投資的秘密：小投資者戰勝基金經理的長線方法》，北京，機械工業出版社，2018。

[5] 沃倫‧E. 巴菲特：《巴菲特致股東的信：投資者和公司高管教程》（原書第四版），北京，機械工業出版社，2018。

[6] 本杰明‧格雷厄姆：《聰明的投資者》（原書第四版），北京，人民郵電出版社，2016。

[7] 國家發展改革委宏觀經濟研究院投資研究所：《投資：推動中國快速發展的強大動力》，北京，人民出版社，2018。

[8] 徐大為：《低風險投資之路》，北京，中國經濟出版社，2014。

[9] 李幛喆：《中國股史系列書：中國股市發展報告（2014）》（China Stock Market Development Year Book 2014），北京，經濟管理出版社，2014。

[10] 吳曉靈：《中國 A 股市場異常波動報告》（Report on the China A-share Stock Market Abnormal Volatility），上海，上海遠東出版社，2016。

[11] 邱國鷺：《投資中最簡單的事》，北京，中國人民大學出版社，2018。

[12] 韓復齡：《股災啟示錄》，北京，機械工業出版社，2009。

[13] 李勇、哈學勝：《冰與火——中國股市記憶》，北京，紅旗出版社，2010；

[14] Davycolv, D., Tikkanen, J. & Aijo, i., 2016. Magic Formula vs. Traditional Value Investment Strategies in the Finnish Stock Market. Nordic Journal of Busmess 65 (3-4) : 38-54.

[15] Fardig, H. & Hammarling, S., 2016. Vardeinvesteringar pa stockholmborsen Entillbakablickande studie av the Magic Formula on Benjamin Grahams senate strategic. Uppsala: Uppsala University.

[16] Montier, J., 2009. Value Investing: Tools and Techniques for Intelligent

Investment. Chichester: John Wiley & Sons Ltd..

[17] Persson, V. & Selander, N., 2009. Back testing "The Magic Formula" in the Nordic region, Stockholm: Stockholm School of Economics.

[18] Rohleder, M., Scholz, H. & Wilkens, M., 2010. Survivorship Bias and Mutual Fund Performance: Relevance, Significance, and Methodical Differences. Review of Finance.

[19] Andreas Goumas and Peter Kallstrom, 2010, Value Investing and The Magic Formula, a method for successful stock investments。

[20] Oscar Gustavsson, Oscar Stromberg, 2017, Magic Formula Investing and The Swedish Stock Market.

[21] Alexander Gunnar Juliao de Paula, 2016, Backtesting the Magic Formula in the Brazilian Stock Market.

[22] Alpert, B., 2006, The Little Books Little Flaw.

[23] Abbey, B. & larkin, P., 2012, Another look at value and GARP strategies for individual investors. Orlando International Academic Conference, Orlando, Florida, USA.

[24] Banz, R., The relationship between return and market value of common socks. Journal of Financial Economics, 9 (1) : 3-18.

[25] Basu, S., Investment Performance of Common Stocks in Relation to their Price-Earnings ratios: a test of the efficient market hypothesis. The Journal of Finance.

[26] Blij, R., Back-testing magic: An analysis of the magic formula strategy. Master. University of Tilburg.

[27] Grinblatt, M. and Moskowitz, T., Predicting stock price movements from past returns: the role of consistency and tax: loss selling. Journal of Financial Economics.

[28] Haug, Mark and Hirschey, Mark, The January Effect, Available at http://ssrn.com/ abstract=831985 or http://dx.doi.org/10.2139/ssm.831985.

[29] Horowitz, J., Loughran, T. and Savin, N., The disappearing size effect. Research in Economics.

[30] Jegadeesh, N. and Titman, S., Returns to Buying Winners and Selling Losers: Implications for Stock Market Efficiency. The Joumal of Finance.

[31] Koller, T, Goedhart, M,, Wesels, D. and Copeland, T., Valuation. Hoboken, N.J: John Wiley & Sons, Inc..

[32] Larkin, P., Can Individual Investors Capture The Value Premium?. Journal of Business 8 Economics Research.

[33] Lancetti, S. and Montier, J., The little note that beats the market. Global Equity Strategy [online] Available at: http://www.poslovni.hr/media forum-user upload/files/9a/9a5c2.

[34] Malkiel, B., The Efficient Market Hypothesis and Its Critic. Journal of Economic Perspectives.

[35] Olin, T., Value investing in the Finish stock market. Master Aalto University;

[36] Sareewiwatthana, P., Value investing in Thailand: The test of basic screening rules. International Review of Business Research Papers.

[37] Schwert, G., Anomalies and Market Efficiency, Handbook of the Economics of Finance. Edited by George Constantinides, Milton Haris, and Rene M. Stulz, North Holland.

[38] Sullivan, R, Timmermann, A. and White, H., Dangers of data mining: The case of calendar effects in stock returns. Journal of Econometrics.

[39] Gupta, G and Khoon, C., How Many Securities Make A Diversified Portfolio In KLSE Stocks?. Asian Academy of Management Journal.

[40] Panyagometh, K., Weight and Stock Selection for Equity Portfolio Management: Evidence from the Stock Exchange of Thailand. Business and Management Review.

[41] Piotroski Joseph D., Value Investing: The Use of Historical Financial Statement information to Separate Winners from Losers. The University of Chicago Graduate School of Business.

[42] Lalita Hongratanawong, Ph.D., The Study of the Magic Formula for Thailand and U.S. Stock Markets. University of the Thai Chamber of Commerce, Bangkok, Thailand.

國家圖書館出版品預行編目 (CIP) 資料

175張圖表學會滾雪球神奇公式：投資大師葛林布雷年賺50%
的股市投資法，散戶小白也能迅速上手！／張峻愷著
--初版. --新北市：大樂文化有限公司，2023.07
240面；17×23公分 . --（Money；047）

ISBN：978-626-7148-69-3（平裝）
1.股票投資　2.投資技術　3.投資分析
563.53　　　　　　　　　　　　　　　　112009152

Money 047

175張圖表學會滾雪球神奇公式
投資大師葛林布雷年賺50%的股市投資法，散戶小白也能迅速上手！

作　　　者／張峻愷
封面設計／蕭壽佳
內頁排版／蔡育涵
責任編輯／林雅庭
主　　　編／皮海屏
發行主任／鄭羽希
財務經理／陳碧蘭
發行經理／高世權
總編輯、總經理／蔡連壽
出 版 者／大樂文化有限公司（優渥誌）
　　　　　地址：220 新北市板橋區文化路一段 268 號 18 樓 之 1
　　　　　電話：（02）2258-3656
　　　　　傳真：（02）2258-3660
　　　　　詢問購書相關資訊請洽：（02）2258-3656
　　　　　郵政劃撥帳號／50211045　戶名／大樂文化有限公司

香港發行／豐達出版發行有限公司
地址：香港柴灣永泰道 70 號柴灣工業城 2 期 1805 室
電話：852-2172 6513　傳真：852-2172 4355

法律顧問／第一國際法律事務所余淑杏律師
印　　　刷／韋懋實業有限公司

出版日期／2023年08月03日
定　　　價／330 元（缺頁或損毀的書，請寄回更換）
Ｉ Ｓ Ｂ Ｎ／978-626-7148-69-3